Igual a um Cão pastor

Igual a um Cão pastor

GEOFF BURCH

Tradução
ROSANE ALBERT

EDITORA CULTRIX
São Paulo

Título original: *The Way of the Dog*.

Copyright © 2005 Geoff Burch.

Tradução autorizada da edição em inglês publicada pela Capstone Publishing Ltd (da Wiley Company).

Todos os direitos reservados. Nenhuma parte deste livro pode ser reproduzida ou usada de qualquer forma ou por qualquer meio, eletrônico ou mecânico, inclusive fotocópias, gravações ou sistema de armazenamento em banco de dados, sem permissão por escrito, exceto nos casos de trechos curtos citados em resenhas críticas ou artigos de revistas.

A Editora Pensamento-Cultrix Ltda. não se responsabiliza por eventuais mudanças ocorridas nos endereços convencionais ou eletrônicos citados neste livro.

Dados Internacionais de Catalogação na Publicação (CIP)
(Câmara Brasileira do Livro, SP, Brasil)

Burch, Geoff
 Igual a um cão pastor / Geoff Burch ; tradução Rosane Albert. -- São Paulo : Cultrix, 2006.

Título original: The way of the dog.
ISBN 85-316-0924-0

1. Competência 2. Habilidades criativas em negócios 3. Sucesso em negócios I. Título.

05-9749 CDD-650.1

Índices para catálogo sistemático:
1. Competências de negócios : Administração 650.1
2. Sucesso em negócios : Administração 650.1

O primeiro número à esquerda indica a edição, ou reedição, desta obra. A primeira dezena à direita indica o ano em que esta edição, ou reedição, foi publicada.

Edição   Ano
1-2-3-4-5-6-7-8-9-10-11   06-07-08-09-10-11-12-13

Direitos de tradução para a língua portuguesa
adquiridos com exclusividade pela
EDITORA PENSAMENTO-CULTRIX LTDA.
Rua Dr. Mário Vicente, 368 — 04270-000 — São Paulo, SP
Fone: 6166-9000 — Fax: 6166-9008
E-mail: pensamento@cultrix.com.br
http://www.pensamento-cultrix.com.br
que se reserva a propriedade literária desta tradução.

Impresso em nossas oficinas gráficas.

Dedicatória

À minha maravilhosa esposa, amiga, chefe e proprietária, Sallie, que é, como todo mundo sabe, o verdadeiro cérebro por trás de tudo.

Aos meus filhos, James e Simon, cujos sucessos excederam qualquer coisa que eu jamais conseguiria atingir e que, como águias, do nosso ninho alçaram vôo para o alto.

Sumário

Agradecimentos 9

Igual a um Cão pastor
História sobre a história 13

Igual a um Cão pastor
Instruções para usar 37

Igual a um Cão pastor 39

Igual a um Cão pastor
Em resumo 135

Agradecimentos

- Ao meu editor, John Moseley, por sua ajuda e apoio.

- Ao meu amigo, Paul Hurst, cujo exame minucioso e intensivo corrigiu meus erros de percurso (bom, da minha escrita, pelo menos).

- A todos os meus clientes, cujas aventuras serviram de inspiração para a história.

Igual a um Cão pastor

Igual a um Cão pastor

História sobre a história

Sucesso, quem precisa disso?

Muitas vezes me acusam — falsamente, eu espero — de ser um palestrante motivacional, por isso, inevitavelmente, nas minhas viagens para participar de diversas conferências eu esbarro com exemplares do artigo legítimo. Eles fazem seus ouvintes quebrarem pedaços de madeira, pressionarem flechas contra o pescoço e até mesmo caminharem sobre brasas. Olho espantado para tudo isso e não consigo ver aonde eles querem chegar. O que essas pessoas estão tirando disso? O que elas ganham com a duvidosa habilidade de andar sobre brasas? Ainda mais assustador é que, mesmo depois de uma das minhas próprias palestras, as pessoas vêm me dizer que se sentem motivadas e até inspiradas. Inspiradas para fazer o quê? Escrevi este livro na tentativa de ajudar as pessoas a conseguir o que elas querem, mas o que é que elas querem? Uma conclusão que consegui tirar de tudo isso é que, seja lá o que for que as pessoas realmente queiram, elas não querem o que têm agora, e o motivador clássico pode, no mínimo, levá-las para qualquer outro lugar. Quando eu trato disso, os profissionais divagam sobre visualização e determinação de metas, mas isso é muito difícil quando tudo o que você sabe é que "qualquer coisa é melhor do que isto".

Aparentemente, o que você deveria fazer seria escolher a situação que você acha ideal e visualizá-la. Numa situação mais ligada aos negócios ou à carreira, você deveria estabelecer metas, alvos ou objetivos. Isso, entretanto, jamais me motivou; tenho a impressão de que isso ainda me confunde mais e me sinto como se tivesse fracassado em algum ponto. Só que não tenho a mais remota idéia de onde foi que eu falhei.

Para mim sempre foi uma surpresa quando as pessoas me diziam que eu era bem-sucedido. Bem-sucedido em quê? Bem-sucedido, suponho, nas coisas que estabeleci que iria fazer. Entretanto, tendo em vista meu profundo e robusto cinismo, como isso poderia acontecer? Será que as pessoas bem ajustadas, bem alimentadas conseguem alcançar qualquer coisa que desejam sem fazer o jogo-do-contente da Poliana? Seria um processo tão simples que, desconstruído, poderia ser engarrafado e vendido com uma garantia? Talvez, em vez de metas e coisas do gênero, devêssemos encarar o que desejamos como um ponto de destino para o qual vamos empreender uma viagem.

Mapa do otimismo

Para tornar a viagem lógica, precisamos de um ponto de partida para que seja possível medir de onde estamos para onde desejamos chegar. Algumas vezes podemos achar que a distância é grande demais para valer a pena aborrecer-se com isso. Se uma viagem é feita de um lugar para o outro, o ponto de partida normal é onde você se encontra no momento. O primeiro problema, entretanto, é ter uma idéia clara de onde você está no esquema das coisas. Adoro a piada daquela pessoa que pergunta sobre o caminho a seguir, e lhe respondem: "Se eu quisesse chegar lá, não partiria daqui!" Bem, você realmente vai começar daqui, por isso tenha a certeza de on-

de fica *aqui* e não tente se enganar pensando que está em algum outro lugar.

Na verdade, essa é uma profunda (boba, mas ainda assim profunda e encorajadora) idéia sobre viagens. Você começa de onde está e viaja em direção ao seu destino. Depois de estar viajando durante algum tempo, você pára, a fim de descansar e para reabastecer. Onde você parou também é um lugar — de fato, é onde você está agora. Se medir daí até o seu destino, logicamente a distância deve ser mais curta do que a da viagem original — em outras palavras, você está mais perto de onde quer chegar. Se o seu ponto de destino estiver mais longe ou à mesma distância de sempre, você confundiu alguma coisa. Se estiver dirigindo em uma estrada e vir uma placa assinalando que o lugar aonde quer chegar está a 50 quilômetros de distância e a placa seguinte diz que está a 40 quilômetros, está tudo indo bem. Se indicar 60 quilômetros, você estará indo na direção contrária. Se, depois de algumas horas de viagem, as placas ainda mostrarem que está a 50 quilômetros, você estará andando de lado. Na sua viagem, tem sentido, portanto, olhar as placas de sinalização tão logo seja possível. Também seria bom carregar consigo um mapa ou guia rodoviário confiável.

Imagine ter um mapa elaborado na linha do pensamento positivo ou da auto-ajuda, o qual, quando você for verificar a distância entre Porto Alegre e Natal, diga: "Não é tão longe quanto você imagina!"

E como chegar lá? O mapa inspirado no pensamento positivo diz: "Imagine que está lá, represente a si mesmo lá em Natal. Acredite que pode fazer isso e um dia, ao acordar, finalmente você vai se encontrar lá". Evidentemente, isso é uma bobagem completa. Um guia de verdade mostra as estradas, as distâncias e os lugares que ficam no trajeto. De fato, se estiver sentindo dificuldade, posso pensar em mapas cartográficos (como os que existem nos veleiros, navios, etc.); num barco — especialmente num veleiro —, em que se pode prosseguir em direção ao seu destino sem precisar ir diretamente para lá. Você usa o seu mapa cartográfico para descobrir perigos ocultos e correntes repentinas. Quando o vento está contra você, então é preciso mudar de rumo. Se estiver a 50 milhas náuticas de onde quer chegar, vai ser necessário navegar 25 milhas e descobrir que o seu destino está distante 40 milhas náuticas. Isso não vai desencorajar os marinheiros porque eles sabem que estão fazendo progressos e mudam de rumo alegremente.

Um ponto importante dessa analogia é que uma das chaves para você se manter em segurança no mar é saber exatamente onde é que você está o tempo todo.

O medo é a chave

Eu ainda era jovem e recém-casado quando vi pela primeira vez como isso funciona — tínhamos contratado com o banco um cheque especial que ameaçava nos engolir sem deixar vestígios. O dia em que esse monstro atingiu seu limite, foi um tremendo choque para nós. Tínhamos avançado dia após dia e, é claro, bem lá no fundo eu sabia que estávamos gastando mais do que ganhávamos — mas, ora bolas, alguma coisa iria acontecer. Realmente alguma coisa aconteceu, na forma de uma carta muito desagradável do gerente do banco que disse, de fato, "basta" e que a instituição queria o dinheiro de volta ou mais ainda. Eu disparei a correr em círculos pela casa como uma galinha enlouquecida. Não tinha saída, eu chegara a um muro e não havia para onde ir.

O que eu não tinha percebido era que aquele era um lugar perfeito para começar a viagem, porque o banco me dissera exatamente onde eu estava — mergulhado até o pescoço no negativo. A essência de uma boa viagem é compreender claramente qual é a sua posição atual, e eu certamente fiz isso. Em seguida, é preciso determinar o destino onde se quer chegar. Eu tinha isso também, precisava chegar no positivo. Anunciei que teríamos um banquete de arromba quando saíssemos do negativo, mas até lá nada mais era importante.

Eu detestaria que as pessoas pensassem que eu estava obcecado, mas, como todo mundo, em determinadas circunstâncias eu posso ser um tanto bitolado. Quem jamais pensou, já deitado na sua cama: "Será que deixei o forno aceso?" Você sabe que não deixou. Você verificou, não foi? Então, vire-se para o outro lado e durma. Trate de esquecer isso. Esqueça que ele pode estar aquecendo o pano de prato que estava em cima do fogão — que já está começando a esfumaçar, com uma pequena chama bruxuleante; esqueça o filme de segurança que dizia que uma cozinha em chamas pode alcançar a temperatura de uma fornalha ardente em apenas 25 segundos depois do brilho da primeira brasa. Droga! Lá vai você, escada abaixo, para descobrir que, evidentemente, tinha desligado o forno. Se você consegue estabelecer um destino que cria o tipo de comichão que coçar não resolve, então tudo começa a acontecer. Comecei a ir atrás do dinheiro que me era devido (por que eu deveria ser malhado pelo meu banco, quando algumas pessoas *me* deviam dinheiro); procurei por serviços que tinham uma matemática equivocada, isto é, custavam R$10,00, rendiam R$9,00 — um bocadinho de ajustes inteligentes logo modificava o custo para R$10,00 e o retorno para R$11,00. Também fiquei um pouco chato de tanto repetir "não podemos gastar nisso". As placas de sinalização estavam muito evidentes: toda vez que eu verificava os grandes números vermelhos diminuindo, era porque estávamos nos aproximando do nosso destino. Se em algum momento eles aumentavam, então eu exercia uma ação rápida para colocar a máquina nos trilhos outra vez. Inevitavelmente, chegou o dia em que recebemos o primeiro extrato bancário com saldo positivo, e fomos ao restaurante como tinha ficado combinado.

Parece simples, mas eu não tinha percebido o que havia feito. Eu tinha sido levado pelo medo e pelo susto e, embora houvesse algum sentido de realização, não havia graça naquilo.

As obsessões sem destinação definida podem ser ainda mais ilusórias. Pessoas que escrevem livros como este devem conservar o tom leve e, provavelmente, evitar assuntos e comparações que possam ter um significado trágico para a vida de outras pessoas. Afinal, este deve ser um livro gostoso, alegre e fácil de ler, que na melhor das hipóteses vai levar somente boa sorte a você. Mas eu só preciso arrancar um assunto do meu peito, e se refere à anorexia. (Entenda, entretanto, que este é apenas um pensamento meu e que de jeito nenhum eu quero diminuir a gravidade dessa terrível doença.) Essa besta fera tem todas as características de uma viagem. Começa de uma posição conhecida (um peso), o controle é assumido e as placas claras de sinalização estão presentes — uma libra aqui e um quilo ali —, e são retiradas de forma dirigida, controlada, mas sem destinação. Se não existe um lugar para chegar, então não pára. Quando minha mulher costumava me alertar sobre o quanto era apertado o barco que eu estava comandando, eu podia lhe dizer: "Não posso parar, ainda não cheguei lá, precisamos sair do saldo negativo". Mas o que acontece se a resposta for simplesmente: "Eu não posso parar"? Essas pessoas nunca vão conseguir chegar lá porque em primeiro lugar não há nenhum lugar para se chegar.

Talvez seja um pouco menos preocupante, mas há também o caso das pessoas que têm um apetite desmedido por riquezas. Um amigo meu ergueu do nada um negócio de construção e bens imobiliários. Ele tem um portfólio de investimentos e propriedades que vale milhões, tudo crescendo continuamente graças ao trabalho árduo e cuidadoso. Ele encaminhou os filhos para bons empregos, mas, como ele tem uma maneira de ser muito parcimoniosa, os filhos estão sentindo comichões para pôr as mãos no dinheiro dele — o que não lhes faz nada bem. Ele ainda guia a velha perua que tinha quando começou seu negócio e ainda mora na mesma casa pequena, numa região da cidade nem um pouco atraente. Eu mostrei a ele que, agora que está na meia-idade, se parasse e vendesse tudo — transformando seus bens em dinheiro líquido —, por mais que tentasse, não conseguiria viver o suficiente para gastá-lo todo; portanto, de que servia acumular tantos bens sem destinação?

Tão fácil, que até uma criança pode fazer isso

Todos esses pensamentos formaram a gênese deste livro: uma receita simples e controlável para o sucesso. Então, por que criei uma obra que mais parece uma história para crianças? Por estranho que pareça, já que isso se assemelha de certo modo a uma introdução, eu já escrevi a história principal, a qual já reli e em que já pensei muito. Quando os escritores escrevem, por que eles fazem isso e o que passa pelas suas mentes? O destino que eu quero dar ao meu escrito é que ele se torne um *best-seller*, ou eu vou ficar muito feliz apenas com o fato de agradar e divertir você? Assim, já que eu li o corpo deste livro e senti que talvez ele seja um pouco óbvio demais, talvez, se pelo menos ele puder assegurar o sucesso que você deseja para si mesmo, não vejo problema algum em seguir pelo caminho mais fácil.

Uma vida de cão

Tive sucesso com um livro chamado *Resistance is Useless* [em português "A Resistência é Inútil"], que, suponho, se tratava principalmente de um livro sobre vendas. Mas, entre histórias, fábulas e exemplos do livro, a minha favorita era uma alegoria do cão de pastoreio. Eu tinha observado um cachorro conduzindo ovelhas e, na ocasião, ele era o exemplo perfeito de uma venda clássica. O cachorro às vezes pastoreava alguma ovelha relutante e difícil de um lugar para outro; de onde a ovelha se encontrava para um destino bem evidente — normalmente um cercado. No trajeto, o cão encontrava obstáculos, como cercas vivas cheias de espinhos, riachos e árvores. O que me levava a seguir adiante é que o cachorro não falhava nunca. É claro que algumas vezes uma ovelha ruim se perdia e ele precisava ir atrás, ou o rebanho todo refugava diante de um obstáculo, mas acontecesse o que acontecesse, o cão levava as ovelhas para o cercado. Em competições de cães de pastoreio, o julgamento é feito contra o relógio. A questão não é jamais: "O cão vai conseguir?", mas: "Quando o cão vai conseguir?" Sei que, com um pouquinho de antropomorfismo, gostamos de pensar "cão inteligente" ou, mesmo, "cão mais inteligente do que eu", mas os psicólogos de animais dirão que isso é impossível. O cão provavelmente não possui sequer a capacidade de ter um pensamento abstrato. Um homem muito importante declarou que os cachorros têm dois estados de espírito: ou estão contentes ou estão esperando para ficar contentes. A falta de pensamento abstrato impede que eles tenham o futuro com que se preocupar; eles não sentem desespero ou fadiga com a repetição. Quando o pastor manda um cão buscar o rebanho, ele não volta dizendo: "Minha nossa! Essas ovelhas estão a quilômetros de distância e há obstáculos demais no caminho. Isso me deixa tão deprimido — você não tem um rebanho mais fácil? Além disso, eu pastoreei rebanhos e mais rebanhos de ovelhas ontem. Será que hoje eu não poderia trabalhar um pouco com o trator?"

A realidade é que o pastor despacha o cão, e a primeira coisa que este faz é estabelecer claramente onde as ovelhas estão no grande padrão de todas as coisas. Isso não preocupa nem incomoda o cão — ele desconhece esses sentimentos. As ovelhas estão onde elas estão, e o cão as mantém se movimentando em direção do seu destino até encontrar um obstáculo. Diferentemente dos humanos, que ficam amargamente conscientes dos inúmeros obstáculos que terão pela frente e podem ficar tentados, uma vez ou outra, a desistir, o cão vê apenas esse único obstáculo. A lembrança do último obstáculo lhe deu experiência — não maus sentimentos — e ele não se preocupa com a dificuldade ou a gravidade do que possa surgir pela frente. Ele lida com as dificuldades uma de cada vez, até que o rebanho esteja em segurança no cercado, e então ele volta, pronto para conduzir mais um lote. Se não houver mais ovelhas para pastorear, ele descarta todos os pensamentos ligados a ovelhas e vai tratar da sua vida agradável cheia de prazeres caninos, como comer, ficar diante da lareira mordiscando o próprio traseiro, ou cuidar de seus filhotes e amá-los.

Para *Resistance is Useless*, ele serviu como tema recorrente para a venda perfeita. Se as ovelhas fossem clientes, estariam onde estão, o que provavelmente não é um modo de negociar habitual entre nós. Quando tentamos levá-los para o nosso cercado, encontramos obstáculos: "Não conhecemos você bem o bastante para fazer negócios conosco"; "Estamos satisfeitos com as pessoas com as quais temos negociado"; "Não pagamos esses preços pela mercadoria que compramos". Evidentemente, o cão não teria tido todo aquele trabalho para vencer os obstáculos apenas para deixar as ovelhas na porteira do cercado e então desistir. Imagine a cena, o cão corre para o pastor, abanando a cauda, com a língua de fora, um cão feliz. O pastor pergunta: "Então, como é que foi com as ovelhas?"

"Muito bem!"
"Sem obstáculos?"
"Alguns, mas eu lidei bem com cada um deles."
"As ovelhas estão no cercado?"
"Bom, não, mas estão muito interessadas nele!"
Não é isso o que acontece.

Só que não é natural

Eu estava deliciado com o sucesso de *Resistance is Useless*, e o meu editor também. Outros livros o sucederam e, felizmente, também foram bem recebidos.

"Faça mais um para nós, Geoff", repetia o meu editor com voz esganiçada, guinchando e saltitando como um duende enlouquecido. Agora, se os editores ficam desesperados pelo próximo livro, o autor deve ser capaz de dar um empurrãozinho em sua sorte. Minha *bête noire* sempre foram os títulos: *Resistance* foi escrito como: *Piddling on the Yucca Plants* ["Fazendo Xixi nas Iúcas"]; *Go It Alone* ["Siga Sozinho"] tinha algo a ver com guerrilhas; e *Writing on the Wall* ["Escrevendo no Muro"] tinha o título inócuo de *Arming the Peasants* ["Armando os Camponeses"] — recusado porque, aparentemente, no meu mercado americano, poderia encorajar a luta armada! Assim, pelo menos dessa vez eu poderia escolher, não é verdade? Eu tinha recebido muitos comentários favoráveis à alegoria do cão. Será que eu poderia ampliá-la? O exemplo do cão poderia ser o processo de vendas em si mesmo? Daria para ser fracionado e apresentado na forma de passos? Seria possível escrever um livro apenas em torno dessa idéia? Sim. E nasceu "Fazendo Aquilo como os Cachorros Fazem" — o resultado, comoção geral! Imediatamente me puseram contra a parede.

O chefe enrubesceu, alçou o corpo na cadeira e agarrou a beirada da escrivaninha à sua frente, enquanto voltava o rosto com uma expressão retorcida na minha direção. Senti o cheiro de crianças parcialmente digeridas no seu bafo fétido.

"Fazendo Aquilo como os Cachorros Fazem?", ele berrou, "Como os Cachorros Fazem — você sabe o que isso quer dizer, não sabe?"

"Não", respondi inocentemente, "O livro trata de um estilo de negociar que imita a tenacidade de um cachorro, é só isso."

"Não é só isso!", ele gritou, a voz tremendo de emoção; olhos arregalados reluziam na escuridão em torno dele. Vozes estridentes, esganiçadas, chiavam apoiando-se mutuamente. O editor atingiu um crescendo de raiva e, apontando um dedo acusador, gritou: "É uma perversão!"

"Uma perversão, sim, uma perversão", as vozes ecoaram.

"Como é que vocês sabem que isso é uma perversão?", perguntei.

"Sabemos porque ...", reinou um silêncio cheio de tensão.

"Nossa opinião, você a modificou."

Uma venda simples rende apenas dinheiro ...

Assim, aqui estamos com *Igual a um Cão*, mas, por sorte, a mudança do título ampliou minhas idéias com relação a criar apenas um livro de vendas, e então me decidi a escrever um livro de vendas de alto nível, um livro de gerenciamento, um livro de modo de vida que possa lidar com o sucesso pessoal. Mas não vamos atropelar as idéias. Em primeiro lugar, tratemos daquela venda simples.

A palavra "venda" normalmente faz os cidadãos, em sua maioria, tremerem horrorizados. "Muita pressão!", gritam eles, mas o que é muita pressão? Fazer as pessoas comprarem o que não querem ou não desejam? Talvez ao não se aceitar um "Não" como resposta? É claro que as pessoas não querem comprar de você. Elas não querem pagar o preço que dá a você apenas um lucro modesto; elas não querem trocar de fornecedor. Uma venda envolve sempre conseguir que as pessoas façam aquilo que elas não querem fazer. Aquele rapaz sardento quer comprar a sua Ferrari; ele deseja que as mulheres o cerquem e adora o poder que emana do carro, sem falar dos olhares de admiração dos amigos. Você não precisa vender essas coisas para ele, ele já as comprou na imaginação. O que ele não quer é pagar, despender o dinheiro que ganhou com tanto esforço. Essa é a habilidade do vendedor: conseguir que ele faça o que não quer fazer — entregar o dinheiro. Se você acabou de abrir um negócio e estiver esperando clientes que apareçam e lhe dêem dinheiro, surpreendentemente você os terá. Da mesma forma que num campo em que haja ovelhas e um cercado, algumas ovelhas vão entrar naquele cercado. A diferença é que o cão de pastoreio consegue fazer todas as ovelhas entrarem e as conserva lá, sempre que quer fazer isso. Nos negócios, calculamos uma proporção aproximada de clientes dispersos e chegamos à conclusão de que quatro quintos do potencial de negócios é perdido dessa forma — uma porcentagem enorme de negócios PERDIDOS. Nas conferências para os que fazem parte de empresas pequenas e recém-formadas, eu conto histórias e lhes digo para desenvolver a intenção de vender. A idéia dessa enorme porcentagem de potenciais compradores tende a acender o entusiasmo deles e, inevitavelmente, leva alguém a se tornar um chato tentando me impingir alguma venda. Ele não aceita um não como resposta, mas um cachorro aceita um não como resposta?

"Vamos lá, ovelha!"

"Béé, não, obrigada."

"É assim? Tudo bem, então vou deixá-la aí."

Mas, como veremos na história, o que acontece quando o cão investe, latindo para as ovelhas? É claro que elas se dispersam, como eu, com medo da agressão. Portanto, nos inclinamos a adotar uma nova política que é tão tola quanto essa.

"Oi, ovelha, que bom que você me encontrou."

"Bééééé."

"Sei que você está muito ocupada pastando, assim não quero tomar o seu tempo. Posso apenas indicar-lhe um cercado no final do campo e, se quiser ficar fechada lá, deixarei um folheto e o meu cartão. Pode balir quando precisar de alguma coisa."

O idiota então escreve no relatório: "Visitei as ovelhas, elas estão muito interessadas". Na verdade, conforme adquire experiência, ele desenvolve uma escrita abreviada e escreve: "M.INT". Na verdade, as ovelhas ficaram totalmente confusas: "Bééé, quem era esse fulano?"

A história mostra o rebanho perfeitamente controlado de onde está até o seu destino: a venda lucrativa completamente controlada num pacote que vai do curso elementar ao mestrado.

... Mas uma grande venda rende mais dinheiro

Mas, uma grande venda, como isso seria tão fácil? Em *Resistance is Useless*, passo algum tempo definindo a diferença entre uma venda normal e uma grande venda; mas uma pequena reprise não faria nenhum mal e certamente deixaria mais clara a ligação com

ovelhas, cães e cercados. Antes de abordarmos isso, precisamos examinar algumas evoluções recentes que surgiram nos negócios.

O comprador tradicional era visto como um monstro, notoriamente rude e até mesmo ofensivo. Em um dos primeiros livros sobre vendas que li, um comprador tinha reproduções de veleiros penduradas nas paredes. Quando um representante de vendas incauto fazia um comentário do tipo: "Ora veja, barcos! Você gosta de velejar?", a criatura então replicava: "Eu odeio velejar. Essas figuras são para me lembrar de que se desperdiça tanto tempo numa atividade dessas, que isso leva os negócios para baixo". Esse comportamento supostamente intimidava o vendedor e facilitava as coisas para o comprador na hora do fechamento de um grande negócio, mas então as grandes e inteligentes empresas começaram a repensar o seu modo de agir.

Digamos que uma grande empresa fabricante de aeronaves tinha um funcionário que cuidava exclusivamente da compra de artigos de escritório; ele, nos velhos tempos, teria uns quatrocentos fornecedores de clipes para papel em sua lista. Jogando um contra o outro, o comprador conseguia obter um desconto extra. As empresas examinaram esse processo e descobriram que isso lhes custava muito em dinheiro e em horas. No fim das contas, um clipe de papel é um clipe de papel; o seu valor estava na facilidade com que mantém algumas folhas juntas. Certamente não era um processo crucial (em outras palavras, eles não usavam clipes de papel como um componente-chave em suas aeronaves, ou pelo menos eu espero que não). O que eles tinham de fazer era despedir o idiota da seção de Compras, economizando um colosso, cortar a lista de fornecedores, diminuindo-a de quatrocentos para cinco, mais ou menos, especificar o clipe perfeito, descobrir um fornecedor de confiança tanto em relação à qualidade quanto ao preço, e então dizer-lhes que despedissem seu representante — eliminando assim o salário dele das despesas. Olhando isso de um modo diferente, você não deseja ter uma pessoa encravada profundamente na sua organização, que saiba tudo o que existe para saber sobre clipes, discutindo os pontos mais requintados com alguém que é igualmente especializado e que representa o fornecedor. O valor simples está no produto simples. Essas pessoas, mesmo que hábeis, não acrescentam valor nenhum à sua empresa, seja ela qual for — elas acrescentam apenas custos.

Essa idéia simples foi agarrada com ambas as mãos e pode provavelmente representar um livro inteiramente novo, se algum dia eu resolver escrevê-lo. Para nós vendedores, pode representar um problema porque, se estamos atrás de negócios, uma grande parte de nossos alvos em potencial não vão mais precisar recorrer a compradores para comprar, porque já terão desenvolvido parcerias a longo prazo com seus fornecedores. Isso significa que vai ser mais difícil encontrar novos clientes e vai valer a pena não desgrudar deles quando os encontrarmos.

A Internet nos ajuda a não fazer nada em escala maior

Eu conto uma história sobre como usar o nível correto de pressão para os meus ouvintes. Funciona — se é que funciona de algum modo — em diferentes planos; uma dessas é a velha piada da ansiedade do comprador, mas isso é uma outra história; por agora, vamos pensar sobre a intenção de vender. Se você tem um negócio, precisa de clientes. Suponho que, no plano motivacional, se você tem uma vida, precisa fazer as coisas acontecerem. Fazer as coisas acontecerem é algo que assusta todo mundo. Se você tem um produto ou um serviço, pode anunciá-los ou mandar panfletos e então esperar que as coisas aconteçam, e isso não ocorre. Agora temos a Internet e contamos com uma rede de *sites*, e então as coisas podem não acontecer no plano global — as pessoas do mundo inteiro podem ver as nossas ofertas e não fazer negócios conosco. Com o risco de parecer uma figura lastimável, vou recordar uma música chamada *Living Next Door to Alice*, sobre um rapaz que, desde a infância, foi apaixonado pela moça da casa ao lado, Alice. Por anos a

fio ele a amou, mas não disse nada, até que ela se casou com outra pessoa e se mudou. Eu realmente choro, grito, pulo e sacudo meus punhos, demonstrando toda a minha raiva e frustração diante do rádio quando toca essa música. Ela fez muito sucesso porque faz vibrar uma corda dentro de nós: algumas vezes sabemos o que queremos, mas freqüentemente não conseguimos ir atrás disso.

As pessoas se aproximam de mim e dizem: "Para um idiota, você é tremendamente bem-sucedido. Qual é o seu segredo? Alguma coisa que você leu? Bom, sim, não posso negar, não deixa de ser alguma coisa que eu li. Estava escrito numa camiseta que tive quando era *hippie*. Na frente havia dois urubus pousados num galho, e um urubu dizia para o outro: "Paciência coisa nenhuma! Estou indo embora e vou matar alguma coisa!" Fazer acontecer pode ser uma coisa assustadora (a menos que você seja um cão de pastoreio e, então, será apenas um trabalho a ser feito), mas o assustador pode se tornar divertido. O medo, em vez de oprimir, excita. No fim, vender fica semelhante a praticar um esporte — quanto maior o desafio, maior a diversão! Se você gosta de tênis, é claro que adoraria jogar com um campeão, e é claro que iria perder de lavada, mas como seria divertido! Como o seu jogo melhoraria depois dessa partida! Eu faço a mesma coisa quando procuro clientes em potencial — quanto mais difíceis, melhor.

Aquele fulano recusou-se a marcar uma hora comigo. Durante seis anos ele resistiu a todos os meus esforços; assim, eu comecei a enviar-lhe cartões de aniversário: "Parabéns! Você resistiu a mim por mais um ano".

Finalmente ele fraquejou, apenas um pouquinho, mas o suficiente.

"Escute, você está me deixando maluco. Tudo bem; se isso vai fazer com que você me deixe em paz, eu lhe dou cinco minutos, mas fique sabendo que mantemos negócios com a mesma empresa há 25 anos, gostamos muito dos produtos fornecidos por ela, do serviço que presta, sem mencionar o fato de que ela pertence e é dirigida pelo meu irmão!"

Neste momento é melhor eu ir até o fim da história em favor da continuidade, mas, quando eu tiver terminado, voltaremos e trataremos de uma choradeira irritante e uma possível solução.

A história se desdobra com a minha visita, agitando minha varinha mágica e assinando um contrato com aquele sujeito. Seis anos da minha vida investidos nisso, mas valeu a pena. O maior contrato que jamais tínhamos fechado.

No dia seguinte, o nosso motorista chegou para entregar o que quer que fosse que tínhamos vendido e a recepcionista disse: "Ah! Você é o novo motorista?"

"Sou."

"Dá para você levar as caixas para cima, por favor?"

"Não."

"O outro motorista costumava fazer isso."

"Só que eu não sou o outro motorista. Carregue você, sua vaca preguiçosa."

Uns dez segundos depois, o pedido foi cancelado. Seis anos da minha vida tinham escorrido pelo ralo em dez segundos. Fiquei maluco. Achei o motorista e passei uma hora correndo atrás dele no estacionamento, mas, para minha desgraça, o meu chefe me encontrou e disse: "Huumm, Geoff, isso é um pouco embaraçoso, mas aparentemente você está tentando atacar um dos motoristas".

"Absolutamente certo", respondi.

"Bom, Geoff, preste atenção", ele me explicou, "Vendedores são fáceis de se encontrar, enquanto bons motoristas, não."

Vamos examinar a história ponto a ponto desde o início e também descobrir aquela choradeira.

Escolha o seu alvo

Em primeiro lugar, o que eu estava fazendo era me entregar a uma "venda direcionada". Você é capaz de fazer negócios com inúmeras pessoas com quem não está negociando no momento. O que você faz é transformar em alvo esses clientes potenciais.

Exemplo: você é um contador. A Ford emprega outra pessoa como seu contador; portanto, você não é o contador da Ford. Você decide que vai se tornar o contador da Ford (isso provavelmente vai se transformar num grande leilão). A Ford tem uma determinada posição com relação à contabilidade e eles precisam ser levados para uma posição em que faça negócios com você. Uma simples visita vai lhe dar uma idéia da posição deles e dos obstáculos que estão espalhados aqui e ali. Se você remover os obstáculos, a contabilidade da Ford será sua. Pense e aja como aquele cão de pastoreio e o mundo será seu — como numa fábula. É aí que começa a choradeira. Minha mulher — que é minha agente, chefe, amiga e proprietária — estava ouvindo essas idéias divertidas para essa seção.

"Isso é deprimente", ela sorriu de um modo perigosamente sombrio. "Pensei que este livro fosse o guia definitivo para tornar o sucesso inevitável."

"Sim", eu repliquei, tentando imprimir uma nota de entusiasmo à minha voz.

"Bem, se eu fabricasse clipes de papel, estaria me sentindo muito mal. Você, de certo modo, disse que eu *não* tenho a menor chance de conseguir realizar qualquer negócio com a megaempresa fabricante de aeronaves, agora que os diretores despediram o comprador, estabeleceram um relacionamento estável a longo prazo e não têm a menor intenção de falar com ninguém mais."

"Imagino que você tenha alguma coisa em mente", admiti humildemente, mas não consegui aplacar-lhe o ânimo.

"Então, seu idiota" (termo usado carinhosamente, tenho certeza), "qual é a solução?"

Entendi o que ela queria dizer. Para que este livro seja útil, precisamos entender as mudanças pelas quais passou o mundo dos negócios.

Um desastre muito comum é apoiar-se na idéia de um tomador de decisões. Os antigos livros de vendas, muito possivelmente de forma correta, costumavam sustentar que existia essa figura mítica: "O Tomador de Decisões". Se retornarmos ao comprador estável e aos clipes de papel, ele era o nosso homem, mas o mito foi perpetuado muito além da sua data de validade. Muitas vezes não existe um tomador de decisões desse tipo, mas, quando existe, ele ainda precisa ser objeto de uma série de treinamentos de venda. Vejam o meu exemplo. A Geoff Burch Management Ltd é uma empresa de tamanho modesto, e cada um de nós faz a sua parte; mas, por causa das complicações da vida moderna, temos de nos concentrar no trabalho que temos em nossas mãos, isto é, fazer palestras, escrever livros e realizar consultoria e treinamento. Entretanto, quando um bem treinado contato de uma grande companhia telefônica nos pergunta: "Quem é o encarregado de comprar as soluções para seus problemas de telecomunicações?", ficamos todos um pouco consternados. Acho que isso acontece com muita freqüência, e é preciso uma nova abordagem.

De que tamanho?

Suponho que seria uma boa idéia a essa altura definir o que se chama de grande venda. É preciso ser dito que uma pequena venda envolve um comprador, uma decisão, um preço e um momento: por exemplo, a compra de uma lâmpada.

Estou sentado, pensativo e de mau humor, examinando meus documentos amarelados pela luz bruxuleante de uma lâmpada. (Bruxuleante?) "Plinc!" Mergulhei na mais completa escuridão e resolvo ir ao mercadinho da esquina para comprar uma lâmpada. A necessidade já está definida, o custo dentro de certos limites é a minha única preocupação.

"Quanto custam as lâmpadas de 60-watt?"
"Cinco paus."
"Não, obrigado."
Vou tentar em outro lugar: a venda fracassou.
"Quanto custam as lâmpadas de 60-watt?"
"Um real."

"Ótimo. Quero uma."
Uma venda bem-sucedida.
Nas grandes vendas, como se mede o grau de sucesso? Você vai a uma reunião com o diretor executivo de uma megaempresa para tratar do uso do seu sistema de computação ultra-aperfeiçoado, ao custo modesto de 120 milhões de reais. Ele gosta de você, acha o sistema caprichado, então você tenta conseguir um cheque de 120 milhões. "Instale-o por 120 milhões à vista." Quando consegue parar de rir, ele lhe explica que tudo isso pode levar algum tempo.

Então, você foi bem-sucedido ou fracassou nessa grande venda? Se você for um sujeito tradicional, vai responder: "Acho que fui muito bem".

O problema é que você está apenas viajando cheio de confiança. Não está no controle do processo e, se usar a analogia da viagem, você não tem a mais remota idéia de onde está no momento. Evidentemente, o seu cão de pastoreio sempre sabe onde está. Sabe de onde partiu (posição), sabe para onde está indo e, em qualquer momento, sabe qual é sua posição atual em relação ao ponto de partida e de chegada. Se perguntar ao cão como está indo, ele não diria: "M. interessada", "Parece boa", "Estou muito otimista". Ele diria: "Estou a 147,63 metros e 23 minutos daquele cercado". Informação bem menos emocional, mas muito mais útil.

Ajustando a máquina

Na base da pirâmide de vendas está a figura muito ridicularizada do vendedor que vai de porta em porta oferecendo sua mercadoria. Sua simples visão de mundo é um jogo de números. Bate em todas as portas, repete o mesmo discurso, e alguns acabam comprando dele. Se cinco entre cem pessoas comprarem e você quiser dobrar suas vendas, então você visita duzentas. Pequenas mudanças no discurso podem aumentar um pouco as vendas. Os que voam alto caçoam disso e incitam a aplicação da ciência às grandes vendas, usando idéias como "venda de soluções", "venda de relacionamentos" e assim por diante; mas, no final, sua medida-chave é a taxa de conversão. Em outras palavras, é o jogo de números com um nome mais chique; eles medem os resultados. Imagine que você possui uma máquina de fazer bolos, uma caixa preta indevassável em que você coloca os ingredientes numa extremidade e, na outra ponta, surgem alguns bolos. Mas apenas 10 por cento desses bolos saem perfeitos e lindamente cobertos de glacê com uma cereja fincada no meio; o resto é um desastre incomível. Você não iria e nem conseguiria tolerar isso, mas um gerente de vendas tolera. Na verdade, mesmo que 90 por cento dos bolos fossem perfeitos e somente 10 por cento não pudessem ser aproveitados, ainda assim você não aceitaria isso; um gerente de vendas, em compensação, estaria dançando histericamente de alegria.

Antes de tudo, você não estaria satisfeito com uma máquina indevassável, logo retiraria a tampa para ver como os bolos estavam sendo feitos. Não tem sentido fazer a máquina como um todo trabalhar mais depressa ou mais devagar, ou fornecer-lhe mais ou menos energia. Você se interessa pelas partes da máquina: "Veja: o braço que levanta as cerejas esmaga a metade delas. O quebrador de ovos deixa pedaços de casca em um de cada quatro bolos".

Você percebe que as coisas vão mal desde o princípio e então o problema é que a máquina desperdiça tempo processando um bolo já prejudicado.

Se você definir clientes em potencial apenas dentro do perfil de um cliente típico, você poderá vender a todos os que se encaixem nesse padrão. Caso contrário, você pode ser capaz de ver onde a falha ocorre e consertá-la, de tal modo que, da próxima vez, consiga vender a todos a quem abordar. Certa vez, tive uma multidão enfurecida atrás de mim sugerindo que vendas, serviço, *design*, *marketing* e produção deveriam reunir-se para criar o produto perfeito do cliente. Imagine a cena:

"Eu poderia tê-los vendido em vermelho."

"Poderíamos tê-los projetado em vermelho."

"Podemos fazê-los em vermelho, mas eles irão custar mais."
"O preço não é a questão."
Parece tão simples que nem precisaria ser dito, mas a cena descrita acima raramente acontece. É mais assim: "Nós os produzimos e vocês os impingem aos clientes".

A caça ao informante

Só para dar uma paradinha, eu aprendi a falácia dessa coisa de "um tomador de decisões" há muito tempo e consegui uma grande vantagem sobre o meu concorrente ao desenvolver um número mínimo de QUATRO tomadores de decisão.

Em primeiro lugar, fui visitar o diretor executivo da megacorporação. Ele adora meu fazedor de bolos, mas não pode assinar nada hoje. Muita gente não passa daqui e fica esperando pela decisão, mas quem é que vai usar essa máquina?

Portanto, em segundo lugar, fomos ver José Alcunhas, na produção. Essa máquina maravilhosa poderia dobrar a produção dele, mas — lá está ele pensando consigo mesmo — isso vai fazê-lo trabalhar duas vezes mais ou vai cortar suas horas extras?

"Como vai a nova máquina, Zé?, pergunta El Supremo.

"Não dá para lidar com ela, excelência. Certamente é de baixa qualidade."

Morremos na praia. O caso então é visitar o José antes de a demonstração ser feita e mostrar a ele como ela irá tornar sua vida mais fácil, segura e garantida.

Tudo bem, eles estão contentes, mas quem vai pagar por ela? O terceiro da lista, o diretor financeiro, está preocupado: gastos de capital não estavam nos planos dele. Mostre a ele como a máquina economiza dinheiro, como dá retorno dentro de 12 meses e como você pode ajustar a compra para que ela desapareça dos seus livros de contabilidade.

Finalmente, eu dou uma circulada pelos bares locais para arranjar um informante ou um furão — um operador de carregadeira ou um recepcionista que possa me contar uma fofoca.

"Você conhece aquele garoto esquisito, com orelhas enormes, que trabalha no setor de compras? É o filho do diretor executivo!"

"O diretor financeiro tem tido grandes brigas com a Acme Bolo-Matic por causa do faturamento."

Pense no rebanho, não em uma ovelha só.

Em resumo, conhecendo a máquina dividida em suas partes e sabendo onde estamos o tempo todo, podemos tornar o sucesso inevitável.

Um cachorro é para toda a vida, não apenas para negócios

Esse é o modo de trabalhar do cão de pastoreio: simples, com persistência controlada, uma visão clara do que tem de ser feito e aquilo que é necessário. O cão sabe exatamente onde está e, quando encontra um obstáculo, ele lida apenas com o que está enfrentando, sem se preocupar com antigos ou futuros obstáculos.

Como preparei este livro para ser predominantemente um livro de negócios, ocorreu-me que também as pessoas sem nada para vender desejariam que suas vidas seguissem numa determinada direção. Elas gostariam de atingir metas, fama, riqueza, o suflê de queijo perfeito, e que todas as regras fossem igualmente aplicáveis. A maior parte de nós não tem a menor idéia de onde está. Podemos até saber onde gostaríamos de estar, mas não temos noção de que distância estamos dali, ou qual é o primeiro passo a ser dado, ou o que fazer quando estivermos diante de obstáculos. Sucesso é alguma coisa que todos desejam, mas é difícil acreditar que ele possa ser inevitável.

Este livro foi surpreendentemente difícil de escrever, e o meu velho e pobre editor ficou arrancando os cabelos para pôr as mãos

no original, por isso, quando o corpo do livro ficou parecendo uma história para crianças, os cabelos ficaram ralos. A minha justificativa é que, como dizem por aí, para começar a ficar fluente em uma língua estrangeira você deve começar a tentar ler livros infantis, e, para nós, o sucesso é uma terra estrangeira. Eu quis criar para você um livro com uma receita de sucesso que pudesse ser assimilada em aeroportos, viagens, ou em poucos minutos de tempo livre.

E, é claro, este será um dos poucos livros comerciais que você poderá ler para crianças. Nunca se sabe, elas podem alcançar o sucesso antes de você.

Boa sorte, e siga em frente com a história.

Igual a um Cão pastor

Instruções para usar

Antes de tudo, aproveite a história! *Igual a um Cão pastor* é cheio de mensagens e lições ocultas, algumas tão bem escondidas que, embora eu mesmo as tenha escrito, não consigo achá-las novamente. Outras foram separadas do texto e, se você quiser, pode lê-las à medida que for avançando. Pessoalmente, eu acho que notas de rodapé e coisas desse tipo nos distraem. Prefiro concluir a história e então voltar para as notas — mas a decisão é sua. A coisa mais importante é deixar que o livro faça você pensar sobre a sua própria situação. Extraia mensagens dele e deixe que elas o conduzam ao sucesso que deseja para si mesmo. Se realmente encontrar mais coisas boas, entre em contato comigo — eu gostaria de ouvir a sua interpretação.

Igual a um Cão pastor

GEOFF BURCH

ENQUANTO SE ARRASTAVA, LUTANDO CONTRA A CHUVA E CARREGANDO A sua maleta de amostras, Derek Stubbins sabia que não era um fracasso. Ele era um sucesso que as pessoas tinham deixado de reconhecer; era um sucesso que os acontecimentos tinham conspirado para não dar certo; era um milionário em compasso de espera; ele apenas não tinha tido os golpes de sorte de seus colegas. Não era verdade que tinha conduzido seu muito bem-sucedido negócio de chocolate caseiro até ele falir antes que alguém lhe tivesse dado uma oportunidade? Aquilo também não havia sido culpa sua, mas tinha sido provocado pela recessão. Evidentemente, outras empresas similares conseguiram ser bem-sucedidas, mas elas possuíam informações privilegiadas a que Derek nunca tivera acesso. Ele também poderia ter ficado milionário — ele sentia que tinha nascido para isso. Seu talento natural era para administrar e despender uma grande fortuna. A causa de toda a sua dificuldade era o fato de estar preso à quantia insignificante que ganhava naquele momento. Se alguém ao menos tivesse uma varinha mágica e o tornasse fabulosamente rico, ele poderia mostrar o seu real valor — sua capacidade de ser um cavalheiro magnânimo, prodigalizando luxo para os pobres! Ele poderia dar mostras da sua natureza compassiva ao ajudar até mesmo os seus inimigos e todos aqueles que o tinham rebaixado e deixado de perceber seus verdadeiros talentos.

A lama fria entrava e saía pelo buraco na sola do sapato, e ele deu um sorriso amargo quando pensou nas instruções do famoso irlandês: "Se eu fosse você não começaria daqui!" Exatamente, ele não deveria ter começado dali. Nenhum homem podia começar daquele ponto, com uma mulher desesperada com a precariedade de sua casa e das finanças da família, crianças que o tratavam com desprezo, amigos que não só não aceitavam a posição em que ele se encontrava, como obviamente cochichavam entre si que ele era um fracassado, e agora aquele emprego horroroso vendendo vidros duplos. Tudo bem, ele era um ótimo vendedor, só que os clientes falhavam ao não corresponder positivamente. Eles eram tão lentos, tão grossos, tão cansativos. Talvez deixasse transparecer um pouco da sua impaciência com eles, mas em geral achava que disfarçava bem. A verdade era que deveria estar na administração, era lá que sua habilidade seria bem empregada; se pelo menos seus chefes, cuja visão era tão estreita, pudessem perceber isso. Ele era inteligente e talentoso demais para ficar na linha de frente. É claro que, quando se tinha um QI elevado como o seu, qualquer um ficaria aborrecido ao ficar encarregado de tarefas corriqueiras. Com uma equipe para liderar e inspirar, as coisas seriam diferentes — o desafio de liderar pelo exemplo, trazendo à baila o menos capacitado, as reuniões de grupo onde todos ficariam presos a cada palavra que ele dissesse. Do jeito que as coisas iam, ele já devia estar nas considerações finais para ser despedido. DESPEDIDO! Essa era boa — despedido de um trabalho asqueroso, que só pagava comissão, e que ninguém queria fazer. Só porque já fazia algum tempo que não vendia nada. O que também não era culpa sua. Os seus inimigos que trabalhavam no escritório tinham claramente empurrado a pior região para ele. Ele estava se sentindo tentado a jogar a maleta de amostras por cima do muro mais próximo e ir embo-

ra para casa, mas dizer à família que mais uma esperança se fora provavelmente era soltar a última palha a que se agarrara.

Ele caminhou quarteirões e mais quarteirões, por uma área de casas modestas; não havia por que tocar a campainha, as pessoas dali não teriam dinheiro para comprar o produto que estava vendendo. Então surgiu uma rua com casas diferenciadas, onde tudo ficava ainda mais difícil, porque tinham cães para afugentar os vendedores itinerantes. E ele continuou a andar, dando topadas, suspirando e sentindo-se deprimido; foi indo adiante até sair da cidade. Vagou por muitos quilômetros pelo descampado, sem uma casa à vista. Ele se sentia em parte ansioso pela potencial falta de clientes, mas também se sentia aliviado por não precisar mais enfrentar nenhum estranho hostil. A estrada o levou a uma grande e escura floresta, o que significava andar mais e ter ainda menos chance de precisar exercer sua detestável função.

E lá foi Derek seguindo em frente, tentando se convencer de que estava "fazendo prospecção" para futuros negócios. A luz do sol desapareceu por trás dele à medida que foi penetrando cada vez mais fundo na floresta. Nem ao menos uma casa à vista, até que chegou a uma clareira. Lá, na sua frente, estava a casa mais estranha que já vira. Era uma cabana curiosamente coberta; na verdade, não era exatamente coberta mas glaçada (como um bolo), e as cores... as traves da porta tinham listras brancas e vermelhas, as paredes eram cor-de-rosa e, de alguma forma, respingadas. O mais estranho de tudo eram as janelas. Pareciam feitas de retalhos de alguma coisa transparente e semitransparente. Não era vidro, não era plástico, era, bem, não passava de alguma coisa! Finalmente uma oportunidade para vender as maravilhas domésticas feitas com PVC perfilado.

Derek abriu o portão da cerquinha, que parecia ser feita, desconcertantemente, de ossinhos humanos. Ele resolveu que não era nada daquilo, apenas uma tendência exagerada da moda na decoração de jardins. A porta da frente era enfeitada com uma gárgula brilhante, pintada de vermelho que, por meio de algum mecanismo inteligente, realmente fincou os dentes afiados em sua mão quando ele foi acioná-la e então começou a berrar: "Tem alguém na porta! Tem alguém na porta!"

Quando a porta se abriu, Derek ficou sem fôlego diante da velha de uma feiúra impressionante que surgiu à sua frente. Deveria sair correndo? A estratégia de fugir de escapadas inócuas ou de clientes intimidadores sempre o tinham salvado no passado. Não, claro que ele não precisava correr, era apenas uma trôpega velhinha que, com olhos semelhantes a dois ovos cozidos, dificilmente iria ler o seu, de certo modo ambíguo, contrato.

"Bom dia, a senhora foi selecionada para ..."

"Que ótimo", interrompeu a velha encarquilhada com um sorriso desconcertante. Era de se esperar que uma criatura tão decrépita e idosa não tivesse um só dente na boca, mas o caso era exatamente o contrário. De fato, ela parecia ter muito mais dentes do que seria necessário. O que mais assustou Derek foi quão rápida e espontaneamente surgiu em sua mente a palavra "tubarão".

"Vamos, entre e me fale sobre isso, tomaremos uma deliciosa bebida quente e nos acomodaremos para que eu possa ouvir o que você tem para me dizer."

Os nervos de Derek a essa altura estavam a ponto de fazer suas pernas funcionarem como pistons para levá-lo o mais rapidamente possível daquele lugar, mas a velha senhora pegou no braço dele com a pressão de um torno mecânico. Ela o levou até a cozinha, que era ocupada em grande parte pelo maior microondas que ele jamais vira: era do tamanho de uma cabine telefônica. Incapaz de pensar em alguma coisa que tivesse sentido, ele exclamou: "Que microondas enorme a senhora tem!"

Ao que ela replicou: "É para cozinhar melhor... um ... ah-mem", abafando as últimas palavras com a mão. "Isso não tem importância, sente-se."

Ela colocou uma xícara fumegante na frente dele, enquanto Derek se recordava do conselho do seu livro favorito de técnicas *Venda para ser Grande*, que dizia para nunca aceitar uma bebida

quente de um cliente em perspectiva. Ele nunca havia entendido a razão disso, até aquele momento. Seria por aquela cor verde biliosa? Ou pelo fato de o líquido continuar a borbulhar e soltar vapor? Não. Ele decidiu que definitivamente era aquele olho que devolvia o seu olhar de dentro daquele líquido gosmento que o deixava mais desconcertado.[1]

"Bem, então", disse a velha senhora, "o que é que você tem para me mostrar?"

Ele lembrou vagamente que deveria talvez ter feito algumas perguntas, mas que importância tinha isso naquele momento? Era hora de começar a sua "demo" (a demonstração). Ele tinha uma "demo" adorável, era como um teatro, e também era como um balé em sua coreografia verbal. Em resumo, Derek sabia que, tendo uma chance, a sua demo era irresistível. Ele tirou a janela de amostra. Bateu nela com um martelo de prata para mostrar sua incomparável resistência (o que, para horror de Derek, produziu uma rachadura da finura de um fio de cabelo no vidro, mas ele tinha certeza de que aquela velha, cega como um morcego, não iria perceber). Ele abriu a janela e a sacudiu para mostrar as dobradiças "Deslizaaantes". Ele encerrava todas as frases com "a senhora não acha?", exatamente como o livro dizia. Ele não tinha certeza do porquê, mas Derek estava determinado a se prender ao texto. Depois de algum tempo, a velha senhora, que tinha dado a impressão de estar cochilando, levantou-se ereta e declarou: "Você é péssimo nisso, não é verdade?"

Derek ficou sem fala com o choque. "Eu, bem, eu ...", olhou em volta em pânico. "Foram elas, elas é que me tiraram a concentração", ele repetia apontando para fora, na direção do jardim.

"Quem?"

"Aquelas crianças, elas parecem estar comendo o seu telhado."

"Ah, elas, eu culpo os pais. Fique sabendo que esses pigmeus assaram minha irmã no forno à lenha, daí o microondas. De qualquer forma, chega disso. Ouça, o seu estilo é tão pouco apetitoso que nem tenho vontade de comer ... huumm ... comprar de você."

Notas...

1. A bebida quente

A verdadeira razão para não aceitar uma bebida quente é que ela determina a sua agenda. Tivemos uma venda rápida e bem-sucedida, então... "Fique e termine sua xícara!" Assim, balançamos uma xícara de polestireno vermelho brilhante, cheia de alguma coisa, e às vezes bafejando sobre ela passamos o dia ..."Estou feliz por ter conseguido este pedido, as coisas estavam ficando apertadas depois do caso no tribunal ..."

Tente isso

"Você quer tomar alguma coisa?"
"Muito obrigado, mas acabei de tomar um café."

E então programe o resto do seu horário com perfeição.

"A senhora simplesmente não me deu chance. Ninguém me dá uma chance. Outras pessoas recebem a sorte numa bandeja. Eu batalho, batalho e não chego a lugar nenhum."

"Você gostaria de aprender o segredo do sucesso?", ela cacarejou.

"É claro que sonho com o sucesso, mas não há nada que eu precise aprender. Eu sei tudo o que se refere ao sucesso, ele apenas me evita. Garanto à senhora: se eu tivesse sucesso, saberia o que fazer com ele. Surpreenderia algumas pessoas, posso lhe garantir. No caminho eu vinha pensando: 'Se pelo menos eu tivesse uma varinha mágica, poderia...'"

"Engraçado você dizer isso", a velha falou enquanto fazia surgir uma espécie de varinha de madeira metalizada, ferrosa e brilhante. Ela a agitou, dizendo: "Abracadabra!"

"Abracadabra?", repetiu o incrédulo Derek.

"As velhas são as melhores."

Ela piscou com força. Surgiu um clarão, o barulho de um trovão, e Derek se sentiu muito estranho.

"Ei, o que é que está...?", ele gritou, mas sua voz foi-se quebrando num grunhido no fundo da garganta.

"Você precisa mudar o seu modo de pensar, meu jovem. Um pouco de trabalho árduo e humildade não vão prejudicá-lo. Alguns meses, ou anos, na pele de um cão vão ensiná-lo como ser bem-sucedido."

"Um cão?", ganiu Derek, que, a essa altura, estava se sentindo muito peludo. "Meses, anos?"

"Deixe disso, rapaz, você já devia imaginar que eu sou uma bruxa malvada — o que você esperava? Sapatinhos de cristal e uma carruagem de abóbora? Mas não se desespere, a maldição pode ser cancelada."

"Quem eu vou ter de beijar?", ofegou Derek, que de repente ficou horrorizado ao descobrir não só que queria mordiscar o próprio traseiro, como também era capaz de fazer isso muito bem.

"Beijo é malandragem! Você ficou se lamentando e choramingando por causa do sucesso, assim, quando tiver a capacidade de encontrá-lo e realmente for bem-sucedido em alguma coisa, então a maldição será cancelada."

A transformação foi completa e Derek literalmente saiu de dentro do seu terno. Olhou em direção à porta e ela lhe pareceu, de onde ele estava, ter uns nove metros de altura. Sentiu-se um idiota completo. Deveria ter notado os indícios: a vassoura, o chapéu pontudo, a receita nova de chá de "olho-de-salamandra", ou, se nada mais houvesse, como a farsesca figura da aldrava da porta correspondia, na parte de trás, a uma cauda ondulante e bifurcada. Seu devaneio foi interrompido quando a porta se abriu sozinha e uma perna brilhantemente listrada terminando dentro de uma bota vitoriana fechada por cordões entrelaçados avançou rapidamente na sua direção.

"Fooora daqui, seu cão sarnento", berrou a bruxa. E Derek foi despejado em sua nova vida com um pontapé no traseiro.

As crianças no jardim soltavam risadinhas esganiçadas diante da visão de um collie que uivava e vestia nada menos do que cuecas Calvin Klein. Talvez elas não devessem ter se distraído do seu próprio problema: a saber, uma velhinha encarquilhada que se arrastava em volta da casa empunhando uma rede gigante de caçar borboletas e um livro de receitas.

Derek correu e correu — sobre as quatro patas, é claro. Correu ao longo de uma rua de lojas e viu sua imagem refletida em uma vitrine. Sem dúvida nenhuma ele era um cão, um collie, um cão de pastoreio. Que tragédia, que horror — mas não é que o poste de iluminação tinha um cheirinho delicioso, como é que nunca havia percebido isso? Logo estava de volta ao campo aberto entre árvores e campinas, que, para ser justo, também tinham um cheiro muito bom. Ele resolveu passar por um buraco na cerca viva e enfiar-se num lugar para poder pensar um pouco.

Sentou-se sobre os quartos traseiros para refletir sobre sua condição. Derek sempre coçara a orelha quando estava pensando, mas nunca fizera isso com a pata de trás.

Um homenzarrão vestindo jaqueta e chapéu de *tweed* vinha em sua direção. Usava botas grandes e carregava um bastão. Havia

um homenzinho atrás dele que também vestia *tweed*, mas carregava uma arma.

"Afinal, alguém para me ajudar", pensou Derek e correu para eles: "Que bom que encontrei vocês! Me ajudem, por favor, fui enfeitiçado por uma bruxa malvada!"

O homenzarrão pareceu ficar muito bravo e começou a gritar para Derek:

"Blá, blá, blá, blá! Blá, blá!"

E então deu uma bordoada vigorosa em Derek com o bastão.

O que Derek ainda não percebera é que tudo o que o homem ouvia era: "Au, au, rrrumm, arrr arf!" — afinal, cachorros e homens não falam a mesma língua; mas isso vai deixar as coisas muito confusas para nós — as testemunhas deste conto —, por isso, daqui em diante, nós, e somente nós, entenderemos os dois lados.

"É mais um desses malditos cães perdidos, e este parece agressivo", disse o homenzinho. "Devo atirar nele?"

"Não, vou lhe dar mais um golpe com meu bastão e, então, você passa um pedaço de corda pelo pescoço dele. Precisamos de mais um cachorro. Logo, logo eu ponho um fim nessa valentia toda."

Derek recebeu uma outra violenta bordoada e uma corda grosseira foi passada em volta do seu pescoço. Ele se sentiu sufocar e sua reação natural foi recuar. O que apenas piorou a situação. A corda apertou tanto que seus olhos ficaram esbugalhados e o bastão caía cada vez com mais força em seu lombo.

"Vamos lá, sua besta, não adianta puxar e ganir, nós o pegamos!"

Dizendo isso, os homens arrastavam, chutavam e maltratavam Derek, enquanto atravessavam os campos até chegarem a uma caminhonete que tinha uma gaiola de aço na traseira. Eles o atiraram lá dentro e partiram estrada afora. Toda vez que a caminhonete fazia uma curva, ele era jogado de um lado para o outro, completamente incapaz de manter as patas firmes no piso viscoso, cheirando a toda espécie de esterco animal.

Depois de algum tempo, eles chegaram à Fazenda Vale do Frio, bem na hora do anoitecer.

"Enfie ele junto com os outros, vou descolar uma bóia", o homenzarrão falou bruscamente antes de sair pisando duro em direção à casa. O homenzinho arrastou Derek à força até um galpão grande e sombrio. Segurando-o pela nuca com uma das mãos, ele abriu a porta com a outra; Derek foi literalmente levantado e atirado pelo ar, aterrissando num emaranhado de pernas peludas e dentes afiados. A porta foi batida com força.

"Ei! Preste atenção, bundão", uma voz soou na escuridão.

"É isso aí, saia do caminho se não quiser perder uma orelha."

"Calem a boca, estou tentando arranjar um lugar para dormir."

À medida que os olhos de Derek foram se acostumando à escuridão, ele pôde ter uma noção vaga da aparência dos inúmeros cães que se encontravam ali, todos collies.

"Então você é o novo cachorro, seu molenga?"

"Não, eu sou um homem."

"Um homem, é? Pra mim, você parece um cachorro!"

Quem estava falando era um collie com uma nuca forte, uma estrutura musculosa e uma expressão mesquinha e desdenhosa.

"Eu não só estou entendendo o que eles dizem, mas também consigo ler a expressão de suas caras", Derek pensou, muito confuso.

"Ei, Brutus, você acha que é mais um que se meteu em confusão com a bruxa?"

"Foi o que aconteceu, coisinha à-toa, você se meteu em confusão com a bruxa?", perguntou o cão mal-humorado, que se chamava obviamente Brutus.

"Bom, na verdade havia uma senhora idosa em uma cabana esquisita."

"Ora, você foi enfeitiçado, filho!"

"Já apareceram outros como eu por aqui? Eles conseguiram se livrar da maldição ou ainda estão aqui?"

"Eles de algum modo ainda estão aqui. Empilhados com o adubo, na compostagem — um tiro e vão para a compostagem, é o que acontece com quem não dá conta do recado aqui."

"Ah, não! E como é que eu faço para não falhar?", suplicou Derek.

"Grud, pegue ele", Brutus falou asperamente.

O assecla de Brutus atirou-se em cima de Derek e grudou na garganta dele com os dentes. Brutus deu uma volta e enfiou sua cara muito, muito perto da de Derek.

"Escute aqui, meu amigo", ele vociferou de modo muito pouco amigável. "Aqui, a única coisa que importa é o sucesso. Esta é uma turma construída sobre o sucesso. Estamos programados para ser os campeões do mundo nas provas para cães de pastoreio deste ano. O único obstáculo em nosso caminho são aqueles cãezinhos muito delicados da Fazenda Vale do Sol, e nós vamos massacrá-los. Preste atenção: nós somos os melhores, e eu sou o melhor dos melhores. E isso significa que eu fico com as ovelhas mais obedientes, a cama mais quente e a melhor comida. Assim, se você pensa que vou desperdiçar um segundo do meu tempo com um perdedor como você, simplesmente para ajudá-lo a se tornar um rival, vai ter que pensar em outra coisa. Mas, se você nos prejudicar, vira picadinho. Descubra o sucesso por si mesmo ou tome cuidado comigo. Suma da minha frente!"

Com uma sacudidela maldosa, Grud largou Derek, que foi mancando para o canto mais escuro para cuidar dos machucados.

"Oi, você é novo aqui?"

Derek percebeu perto de si um cachorro menor e com um ar matreiro.

"Sou, sim. Aparentemente fui enfeitiçado."

"Ah, é? Bom, é uma droga trabalhar aqui. A propósito, meu nome é Trambic. Eu sei como as coisas funcionam e eu me viro para não precisar trabalhar. O que eu quero dizer é que quando quero comida sei onde descolar. Se quero sumir, sei onde me esconder. Não se preocupe, filho, vou ensinar a você tudo o que precisa saber para sobreviver aqui."[2]

"Brutus é um pouco agressivo."

"Agressivo? Se você aborrecê-lo, ele arranca o seu pescoço. Mas, preste atenção, ele é bom. É o nosso astro: é o melhor cão de

Notas...
2. O primeiro dia de trabalho

Como foi o seu primeiro dia de trabalho? Se você emprega pessoas, elas são um grande investimento e o primeiro dia delas pode decidir se o investimento vale a pena ou não.

Dicas

Providencie para que seu novo empregado seja esperado e bem recebido. Ponha-o para trabalhar com o seu melhor funcionário (ou mesmo com você), não com o pior. Maus hábitos são tão fáceis de adquirir quanto os bons.

pastoreio da região, e o comparsa dele, Grud, provavelmente é o segundo. Eles parecem muito amigos, mas não confiam um no outro. Quando Brutus descobre uma ovelha problemática, ele nunca avisa o Grud, e depois dá risada quando Grud se mete numa encrenca. Ele diz que isso nos deixa mais fortes, que nos torna mais independentes, capazes de ficarmos de pé sobre as nossas quatro patas. Eu, de minha parte, fico quieto e cuido da minha retaguarda, e se você tiver algum juízo vai fazer a mesma coisa. De qualquer modo, é hora de dar uma esticadinha — amanhã vai ser um dia atarefado."

"Sei, e onde eu, er, me estico?", perguntou Derek.

"Onde achar uma cama, companheiro."

"Mas parece que não há nenhuma desocupada."

"Então vai ter de empurrar alguém pra fora."

"Não posso, isso..."

"Ora, deixe disso. Vou ajudá-lo, mas só desta vez, e você vai ficar me devendo essa. Agora, deixe-me ver, há Fido, o filhote, a quem podemos intimidar, mas ele pode reagir mordendo e eu estou um pouco cansado para uma briga. Ah! Dê uma espiada, aquele lá é o Harold."

Derek acompanhou o olhar de Trambic e viu do outro lado do barracão, acomodado tristemente em sua cama, um cão muito mais velho, com o focinho todo grisalho. Ele lançou a Derek um olhar incrivelmente triste.

"Ele está à beira da morte", disse Trambic. "É um cachorro velho e foi machucado por um carneiro manhoso. Foi ferido na perna e não sarou. Sem dúvida o destino dele é a compostagem, e só já não está lá porque o fazendeiro não quer desperdiçar munição em alguém que de qualquer maneira vai morrer logo. Vamos pegar a cama dele para você."

Com isso, Trambic marchou na direção do cachorro velho: "Vá saindo, suma! Abra um lugar para sangue novo, você é um desperdício de espaço".[3]

Notas...

3.

Este é o seu ambiente: "Quando a situação fica pesada, o agressivo segue adiante"; "Dê duro no trabalho e jogue duro"; "O mais adaptado sobrevive".

Trabalhei em lugares desse tipo — não são motivadores, são desencorajadores.

Sem emitir um som, o velho cão, visivelmente sentindo muita dor, arrastou-se para fora da cama. Puxando uma das pernas traseiras, claramente inutilizada, a pobre criatura fez seu trajeto agônico para a abertura que dava para um cercado de arame. Enquanto saía, ele olhou por cima do ombro para Derek, com uma expressão tão triste e reprovadora, que despedaçou seu coração.

Derek correu na direção dele: "Escute, não deixe sua cama, eu não me importo de dormir no chão".

Segundos depois, ele estava de olhos arregalados diante da cara mal-humorada de Brutus. "Você, de novo!", grunhiu o cachorrão. "Deve estar cansado de viver. Não quero ser obrigado a lhe dizer isso mais uma vez, mas, aqui, vencedores são vencedores, perdedores são perdedores. Não queremos velhos ordinários como ele nos retardando. Deixe-o ir, ou você acredita que tem alguma chance numa luta comigo?"

Derek sabia que não tinha a menor chance contra ele, mas ainda queria dar mais um passo à frente. Quando fez isso, captou o olhar do velho cão, que sacudiu a cabeça prevenindo-o para ficar quieto e saiu na chuva em direção ao canto mais afastado do cercado, onde, com ar resignado de desolação, se deitou na lama. Brutus viu Derek recuar um passo.

"Movimento inteligente, você acaba de salvar a sua vida e de aprender a lição número 1. Lembre-se, enquanto estiver trabalhando aqui você não será um ser humano. É cão-devorando-cão."

O rosnado de Brutus se transformou em uma careta distorcida e Grud deu uma risada de aprovação.

Enquanto Derek se deitava na cama que tinha ficado vaga, chegou à conclusão de que nunca tinha se sentido tão sozinho e tão miserável em toda a sua vida. "Aprenda os segredos do sucesso", a bruxa lhe dissera. "Não vou aprender nada neste lugar terrível", pensou Derek, enquanto apagava, caindo num sono agitado.

O canto do galo acordou-o na manhã seguinte ao amanhecer, e Derek olhou para a forma imóvel de Harold, deitado lá fora na lama gelada. Uma porteira se abriu. O homenzinho com jeito de fui-

Notas...
4.

Como a sua empresa se comporta quando as pessoas cometem erros?

nha apareceu e cutucou o corpo do cão com o pé. Gritou: "Ei, chefe, Harold já era. O senhor estava certo ao economizar a bala", e, com isso, ele pegou o cadáver enlameado do cachorro pela cauda e arrastou-o na direção do monte de compostagem. Logo ele estava de volta aos gritos, enxotando os cães para o pátio.

Trambic sussurrou para Derek: "Fique de cabeça abaixada e longe de confusão".

Nesse meio tempo o filhote estava ficando cada vez mais agitado. Ele pulava e gania e corria em volta de Derek e de Trambic.

"Estou animado, assustado e todo embrulhado por dentro. Isso deixa minha barriga muito engraçada", disse o cachorrinho.

Guiados por bordoadas, gritos e xingamentos, os cachorros foram arrebanhados para dentro do novo barracão de tosquia. Era muito evidente do lado de quem Brutus e Grud estavam, já que eles rosnavam e grunhiam para qualquer cão que saísse da linha.

"Puxa-sacos da chefia", sussurrou Trambic. "O que me espanta é o fato de o nariz de Brutus não ser tão marrom quanto os olhos dele, tão metido na... errr auuuuu!"

"Está com algum problema, Trambic?", perguntou Grud, por entre os dentes que estavam cerrados no traseiro de Trambic.

"Não, amigão, eu estava apenas mostrando ao novato como é que as coisas funcionam aqui", esganiçou Trambic entre lágrimas de dor.

"Ensinando-o a ser um vagabundo preguiçoso como você, eu imagino."

Ambos foram distraídos pelo filhote pulando de uma pata para outra.

"Ai, a minha barriga!"

Com isso, o jovem cão disparou para o centro no novo e imaculado barracão e fez um cocô enorme.

Por um instante, reinou um silêncio atônito. O cachorrinho ficou paralisado, terrivelmente assustado com o que tinha feito. Então, de repente, explodiu uma onda barulhenta, os cães urravam, latiam e davam risada. O homem gritava furioso. O homem de passadas largas foi na direção do jovem Fido, armado com o bastão.

Notas...
5.

Deixe bem claro qual é o serviço que espera que as pessoas façam. Se elas falharem, não lhes dê nenhuma punição, em vez disso, divida o serviço em várias etapas para que possam entender e, à medida que forem realizando cada etapa, gratifique-as. Desse modo, as pessoas vão sempre se sentir motivadas e que estão realizando alguma coisa. Não há nada mais deprimente do que um trabalho que você não entende.

"Você, seu porco! Fedorento! Nojento!"

Cada palavra era marcada com um golpe que fazia Fido ganir de dor. O ganido parecia enfurecer cada vez mais o homem, e o espancamento tornou-se frenético. Ele jogou o cão no chão, depois o levantou e o atirou pela janela aberta.

"Agora, eu tenho de limpar essa sujeirada. Já chega de cachorros por hoje, vamos devolvê-los para o barracão deles", disse o fazendeiro num repente de raiva. Os cães foram arrebanhados de volta e trancados.

Brutus rodeou Fido: "Fez tudo certinho, filho, nos puxou para baixo junto com você. Adapte-se ou caia fora."[4]

"Mas eu não sei o que eles querem de mim", choramingou Fido.

"Talvez não fazer cocô no chão novinho deles fosse um bom começo."

"Fiquei nervoso."

"É melhor você descobrir logo o que eles querem, de preferência antes de amanhã."

Os cachorros ficaram trancados até a manhã do dia seguinte, quando, ao amanhecer, foram novamente conduzidos para o barracão de tosquia.

Fido estava evidentemente aterrorizado e, para o horror de Derek, começou outra vez a pular de uma pata para a outra. Antes que alguém pudesse impedi-lo, ele correu para a frente e, repetindo sua atuação do dia anterior, fez outro cocô enorme. Dessa vez a surra foi ainda mais forte, mas acabou do mesmo modo do dia anterior, com Fido sendo arremessado pela janela.

"Eles não vão querer outro dia de folga, trabalhe duro com eles enquanto eu limpo isso aqui", disse o fazendeiro. Com isso, o homenzinho com cara de fuinha levou os cães para um campo extenso, onde, durante o dia inteiro, gritou, atirou torrões de terra e bateu neles com o seu bastão. Derek não tinha idéia do que queriam que ele fizesse, mas parecia que estava recebendo uma quota maior de machucados do que merecia.

"O que eles querem que eu faça?", ele perguntou a Grud, enquanto um torrão de terra passava zunindo por cima da sua cabeça.

"Que aprenda o serviço", respondeu Grud bruscamente, "e se você não aprender, não vão ser pedras e torrões de terra que irão assobiar junto da sua cabeça."

O fazendeiro estava parado ao lado do homenzinho de cara de fuinha. "Isso já é suficiente para um dia — leve-os de volta. E o cachorro que chegou agora, como é?"

"Porcaria. Só corre para todos os lados sem ter a menor noção. Quando se bate nele, o danado só corre para outro lugar. Tenho ganas de matá-lo quase o tempo todo."

"Bom, se ele não melhorar, você pode. Não vou desperdiçar comida boa com mau defunto como ele."[5]

Os cães foram levados de volta para o barracão, onde Derek encontrou Fido lambendo suas incontáveis feridas.

"Parece que você apanhou muito mesmo", disse Derek.

"O problema é que simplesmente não entendo o que eles querem que eu faça", comentou o filhote.

"Tem sido uma agonia tentar descobrir, mas acho que já sei o que eles querem de mim. Espere só até amanhã — não se preocupe, tenho certeza de que você também vai descobrir."

O dia seguinte amanheceu e a rotina se repetiu. Enquanto os cães seguiam em direção ao novo e reluzente barracão de tosquia, Fido estava evidentemente tremendo de medo.

Brutus acercou-se dele: "Espero que você tenha aprendido a lição, meu rapaz, porque todos nós passamos um mau pedaço ontem graças à sua pequena performance. Vou lhe dizer uma coisa, se você acha que eles lhe deram uma surra, ela nem se compara com o que eu vou fazer com você se acontecer a mesma coisa hoje".

"Tudo bem. Acho que já entendi", disse o cachorro tremendo.

Já no barracão, Fido estava dando seus pulinhos novamente. Então, de repente, ele correu para o meio do piso brilhante onde fez novamente outro grande cocô, mas, antes que alguém pudesse fazer qualquer coisa, ele pulou pela janela. O fazendeiro correu pa-

ra a janela e levou a espingarda até o ombro, mas Fido já estava, a essa altura, a quatro campos de distância e continuava correndo.

"Não vamos vê-lo mais", Trambic choramingou para Derek.

O fazendeiro e seu detestável amiguinho ferviam de raiva e chutavam os cães (principalmente Derek) com força e sem motivo. Brutus e Grud, entretanto, pareciam manter-se fora de qualquer aperto e, na verdade, recebiam muitos elogios por caminharem tranqüilamente, de um modo que não fazia o menor sentido para Derek — mas que era evidentemente o que o fazendeiro queria. Muitos outros cães estavam se esforçando para evitar problemas, enquanto Trambic parecia ser capaz de se tornar invisível ao se esgueirar como uma sombra. Como isso acontecia no dia-a-dia terrível, Derek ficava ainda mais confuso. Então, amanheceu o dia decisivo.

"O cachorro novo é inútil. Já está aqui há uma semana e ainda corre por aí choramingando. Está na hora de ele ir para a compostagem."

"Sim, acho que sim", respondeu o fazendeiro. "Mas antes de fazermos isso, vamos ver como é que ele se sai com a criação."

Os cães foram levados para um campo, no meio do qual estava um grande carneiro de chifres retorcidos.

"Aquele é o Reg, o reprodutor do rebanho", disse Trambic. "Sujeitinho odioso, é o que ele é."

"É só um carneiro", disse Derek.

"Há carneiros e carneiros!"

O fazendeiro estava assobiando e gesticulando para Derek. Segundos depois, o costumeiro torrão de terra foi arremessado na direção da sua cabeça.

"O que ele quer de mim?", disse Derek no mais completo desespero.

Brutus avançou. "Tudo bem, vou lhe dizer só desta vez. Somos cães que pastoreiam ovelhas e carneiros. Aquele é um *carneiro*, portanto, espera-se que você pastorei o dito carneiro. A julgar pelos assobios do fazendeiro, ele quer que você leve aquele carneiro até ele, assim, mostre-se esperto."

"Entendi. Obrigado, Brutus."

Derek saltou para a frente, sem perceber a troca de olhares irônicos entre Brutus e Grud. Ele foi em direção ao centro do campo onde o carneiro estava. À medida que se aproximava, o carneiro foi crescendo, ficando cada vez maior, até que, quando chegou a uns dez metros de distância, ele se viu diante do maior carneiro que já tinha visto em toda a sua vida.

"Grande ou não, ainda é só um carneiro", pensou.

A essa altura, Reg, o reprodutor, abaixou a cabeça e começou a se mover para a frente. Derek também foi para a frente, latindo para levar o carneiro para o fazendeiro.

Reg estava ganhando velocidade, muita velocidade, e as batidas dos seus cascos começaram a ressoar, fazendo o chão tremer. Derek percebeu o perigo em que tinha se metido e virou-se para escapar. Tarde demais; foi como se tivesse sido atropelado por um trem.

Derek foi atirado para cima como uma boneca de trapo, totalmente sem ar. Ele ficou estendido no chão, sofrendo e sem conseguir respirar. Sentiu o chão tremer novamente e tentou se levantar. Mal tinha conseguido ficar de pé quando Reg o atingiu novamente, e ainda uma vez, e mais outra.

"Tire aquele carneiro de perto dele antes que o próprio carneiro se machuque — é um reprodutor valioso", gritou o fazendeiro. Grud, Brutus e um grupo de cães experientes saltaram ao som do assobio do fazendeiro. Brutus não tinha medo do carneiro e enfrentou-o arreganhando os beiços e mostrando os dentes. Derek ficou encantado por ter sido salvo pelos outros cães.

"Pelo menos já faço parte do grupo", pensou, até que percebeu que os outros estavam se afastando dele e ficando a uma distância segura; até que ficou isolado e sozinho no meio do campo. Para seu horror, ele viu o fazendeiro levar a espingarda até o ombro. Derek olhou por um microssegundo os dois canos da arma, e então resolveu aprender a lição de Fido. Saiu em disparada em busca do longínquo buraco na cerca. Ele ouviu o primeiro estrondo e

a grama chiou a poucos centímetros da sua cabeça. Houve mais um, e ele sentiu uma dor abrasadora quando uma bala atravessou sua orelha. Quando o fazendeiro conseguiu recarregar a arma, Derek já tinha conseguido fugir.

Ele correu quilômetros e quilômetros, até não poder mais continuar. Exausto, deitou debaixo de um arbusto e dormiu.

Foi despertado por uma voz. "Ei, menino, parece que você está meio mal."

Derek abriu os olhos e, para seu horror, viu um outro homem de aparência rude, carregando um bastão — na verdade não era bem um bastão, parecia mais um cajado de pastor — e ao seu lado um cão de pastoreio muito musculoso e também com aparência rude.

A única coisa estranha é que ele parecia entender uma porção de coisas que o homem falava.

"Você esteve na guerra, menino?"

O homem examinava delicadamente a sua orelha ferida.

"Minha nossa, dois centímetros mais para a direita e teria arrancado sua cabeça fora. Você teve muita sorte lá, garoto. Sabe o que mais, vou chamá-lo de Sortudo. E então, Sortudo, você quer vir conosco?"

O homem passou a mão em Derek, que se encolheu, morrendo de medo.

"Você passou por um mau pedaço, não é, Sortudo? Deixe o Pastor se aproximar, ele vai cuidar de você."

O cachorrão deu um passo à frente.

"Quem fez isso em você?"

"Eu estava num lugar terrível — havia outros cães, homens horríveis, um barracão e um velho cão morto. Brutus disse..."

"Brutus? Bem, está parecendo que você passou uma temporada na Fazenda Vale do Frio. É um grupo odioso, mas é o nosso principal rival nas provas para cães de pastoreio."

"A Fazenda Vale do Frio não é nada, antes de ir parar lá eu fui enfeitiçado. Sou um homem, fique você sabendo, e foi um feitiço que me transformou em cachorro."

Notas...
6.

Faz parte do trabalho da administração pegar uma pessoa fazendo alguma coisa certa.

"Espera aí, Sortudo, é muito melhor ser cão. Eu odiaria ser homem", disse o cachorrão.
"Mas gosto de ser humano, gostaria de voltar a ser o que eu era."
"De que jeito?"
"Se eu for verdadeiramente bem-sucedido, posso desfazer o feitiço."
"Ótimo, então você chegou ao lugar certo. Podemos fazer qualquer um ser bem-sucedido."
O cachorrão acenou com a cabeça: "Coragem, vamos levar você para a fazenda".
O homem virou-se para Derek: "Então, vai se juntar a nós, Sortudo? Ficaremos muito contentes de ficar com você, acho que vai se dar muito bem aqui. Vou pôr você junto do Pastore. Ele é o melhor dos cães e, se você aprender o que ele sabe, também poderá ser um dos melhores. Então vamos embora, mexam-se."
Derek perguntou a Pastore: "Como é que eu consigo entender o que ele diz?"
"É que ele aprendeu a falar a nossa língua", foi a resposta do cachorrão.
Depois de uma curta caminhada e de subir uma colina, eles chegaram a uma fazenda que era o próprio clichê dos lugares mostrados em cartões-postais. O pastor levou os cães para o pátio.
"Chegamos, Sortudo, e eu vou deixá-lo com o Pastore, o melhor cão de todos os tempos, enquanto vou planejando por onde começar para tornar você o cão mais bem-sucedido da face da Terra."
Então, latindo, ganindo, pulando, gritando, girando, saltando, surgiu uma figura conhecida: era o Fido. O filhote tinha encontrado o caminho para o mesmo santuário. Ele dançava e pulava, dando voltas e mais voltas em torno do pastor.
"Ei, calma, menino", o pastor riu das piruetas do cãozinho. Então, o desastre aconteceu quando a animação do filhote chegou ao auge e ele repetiu seu truque preferido — fazer cocô. Derek se encolheu, esperando pela explosão de castigos e recriminações, mas a reação do pastor não podia ter sido mais surpreendente: ele se curvou e coçou o ventre do cachorrinho.

"Isso mesmo, garoto, muito melhor do que ficar fazendo isso no meu lindo e limpíssimo barracão de tosa. Você é um cão esperto, e logo vai estar nos campos como os outros cães."

Fido olhou no fundo dos olhos do homem e ficou claro que o pastor o tinha conquistado de corpo e alma.[6]

Pastore se dirigiu aos dois cães: "Mexam-se, venham atrás de mim, vou lhes mostrar onde dormimos. Vocês dois vão ter um dia muito ocupado amanhã".

"É mesmo?", pensou Derek, então, virando-se para Pastore, perguntou: "Ocupado com o quê?"

"Ocupado, sim, mas vai ser o melhor dia que você já teve. O pastor vai ter que ir à exposição amanhã e vai ser um dia muito importante para ele. A exposição é um lugar realmente emocionante e algumas vezes ele leva um ou dois cães com ele, como uma forma de tratamento especial ou de recompensa", explicou Pastore.

"Tudo isso é muito interessante, mas o que acontece aqui com a gente enquanto eles estão lá ?", perguntou Derek.

"Não, você não entendeu, ele vai levar você e o Fido com ele."

"Por quê? Que motivo ele teria para nos recompensar?"

"Por terem vindo para cá para trabalhar conosco. Assim vocês conseguem entender o objetivo que nos leva a trabalhar todos juntos. Estamos entusiasmados por vocês se juntarem a nós."

"E se eu fracassar?"

"Você não vai conseguir, nós não vamos deixar isso acontecer."

Os cachorros chegaram a um estábulo grande e limpo que era dividido em baias para os cachorros dormirem. Uma estava vazia e em cima dela havia uma tabuleta pintada à mão com um nome escrito: "Sortudo". A mulher do pastor tinha sido evidentemente avisada da chegada deles porque não havia só a tabuleta, mas também uma vasilha de comida, outra de água e um almofadão bem estofado, todos marcados com o nome "Sortudo". A vasilha de comida estava cheia e Derek mergulhou o focinho nela. Sentiu um alvoroço se formando por trás dele e, virando-se, viu muitos outros cães, todos animados e lhe dando boas-vindas. Assim que foram

apresentados, deram a impressão de estar muito contentes com a presença dele, todos, menos um cachorro mais velho cujo nome era Durão. Ele olhava para Derek com desconfiança.

"Vamos lá, Durão, dê as boas-vindas ao rapaz", disse Pastore.

"Raaumf! Vou esperar até que ele mostre quem ele é", disse Durão, enquanto caminhava majestosamente até sua cama.

"Bom, pessoal, todos para a cama, amanhã vamos ter muita coisa para fazer", disse Pastore, chamando os cachorros para dormir.

No dia seguinte, Derek foi acordado pelo pastor entrando no estábulo.

"Vamos, Fido, vamos, Sortudo, entrem na caminhonete."

Para surpresa de Derek, eles foram instalados dentro da cabine, onde era bem quentinho.

Que dia eles tiveram! O pastor os levou a um lugar cheio de atrações e cheiros, onde as pessoas lhes faziam festa e lhes davam petiscos — Derek quase comprou a idéia de continuar sendo cachorro. O principal foi que ele conseguiu perceber como era importante e valioso o trabalho que esperavam que ele fizesse. Era tarde quando voltaram, e Derek estava vivendo o lugar-comum "cansado, mas feliz".

"Aqui estão os seus novos meninos, Pastore", disse o pastor. "Dê-lhes alguma orientação de como tudo funciona — o trabalho de verdade começa amanhã."

"Está certo", disse Pastore. "Vamos bater um papo, Sortudo, e combinar sobre qual vai ser o seu serviço, o que você precisa aprender para se ter sucesso e como poderemos definir quando é que você foi bem-sucedido."

Derek ouvia atentamente o outro cão.

"O nosso serviço é pastorear ou, em outras palavras, conduzir as ovelhas de um lugar para outro sob o nosso mais completo controle. Todas as vezes que encontramos um obstáculo, precisamos fazer que as ovelhas o rodeiem ou passem por cima dele, sem afligi-las. Devemos manter o mais absoluto controle até que as ovelhas cheguem ao seu destino."

Notas...

7. Pastor/patrão

Mesmo quando acreditamos que a nossa equipe vai fazer um bom trabalho, realmente ajuda quando usamos nosso poder e posição para abrir portas para ela.

"O que o pastor faz?"

"Bom, embora ele seja, *ipso facto*, o patrão, o verdadeiro trabalho dele é fazer todo o possível para que nós tenhamos condições de realizar o nosso trabalho, então ele abre porteiras, etc. É claro que é ele quem decide para onde vão as ovelhas, mas isso é combinado conosco muito antes de começarmos a levar as ovelhas. Certo, agora não quero deixar você preocupado ou apreensivo, mas a única forma para que eu possa ver o que você *realmente* sabe é fazendo um teste. Para você, tudo bem?"[7]

"Sim, estou tinindo para começar!" Derek sentia-se muito confiante com relação a esse negócio de pastorear ovelhas — ele tinha certeza de que suas habilidades como vendedor humano iriam ajudá-lo.

"Agora, a primeira coisa que você precisa saber sobre ovelhas é...", começou Pastore. Mas suas palavras se perderam no ar, enquanto Derek disparava numa pose empertigada. À distância ele podia ver um pequeno rebanho de pequenas figuras peludas, assim, ele se arrancou em direção a elas latindo e ganindo com uma recém-descoberta confiança. As criaturas levantaram os olhos do seu calmo pastar, um pouco espantadas com os latidos dessa aparição maluca.

"Fique e lute, ou corra", foi o pensamento do rebanho. A velocidade, o latido, a exuberância fizeram as ovelhas tomarem uma decisão: elas se espalharam, correndo e pulando em todas as direções.

Derek tinha pensado que a melhor idéia era juntá-las todas e, no momento, juntas é que elas não estavam. Derek sempre admirara o papel de durão e se imaginou como aquele general americano de queixo pontudo, cabelo curto e espetado que ele tinha visto na televisão. "Ele poderia ser eu", pensou Derek.

"Está certo", ele pensou, apertando a mandíbula. "É hora de cercá-las!"

Mas quanto mais ele tentava arrebanhá-las, mais elas se espalhavam, e não se espalhavam por um terror abjeto; algumas não tinham papas na língua e voltavam para ameaçá-lo com — o que não era comum para ovelhas — alguns chifres aparentemente muito

Notas...
8.

Se você quer ovelhas, não perca seu tempo perseguindo cabras. Para usar um velho dito de vendas: esteja preparado para qualificar seus clientes. Faça-lhes perguntas, é claro, mas isso pode ser enganador. As pessoas não gostam de admitir que são cabras, por isso procure indícios e faça perguntas indiretas.

"Você se interessa por férias exóticas e vinhos especiais?"
"Sim."
"Só para constar: que veículo o senhor dirige e qual é o seu programa de televisão favorito?"
"Um Nissan 1994 e filmes de ação."

Nada conclusivo, mas realmente sugere uma levada caprina.

afiados. Derek decidiu que precisava diminuir suas perdas e pelo menos levar uma de volta; com sorte, ele conseguiu encurralar uma daquelas criaturas. Em segundos, entretanto, os papéis se inverteram e o animal encurralado, com a cabeça abaixada, começou a ganhar velocidade na direção de Derek. A experiência de Derek com o carneiro o ensinara sobre o que iria acontecer em seguida. Ele deu a volta e fugiu, e o impacto, quando o atingiu, embora doloroso, só fez com que ele chegasse mais rapidamente até onde estava Pastore. À sua chegada, Pastore estampava na cara o equivalente canino a um sorriso retorcido.

"Boa tentativa, Sortudo, mas..."

"Nem me diga, eu sei, sou uma porcaria. Sou sempre uma porcaria — qual o cão de pastoreio que é pego sendo perseguido por uma ovelha?"

"Não, não se maltrate assim. O entusiasmo estava ali, a energia estava presente, esforço não faltou, mas o esforço foi em vão."

"Bom... as ovelhas não eram muito fáceis. Como eu poderia ter feito melhor?"

Pastore balançou a cabeça filosoficamente: "Antes de tudo, não eram ovelhas".

"Não eram ovelhas?"

"Não, eram cabras. Não perca seu tempo perseguindo cabras. Não queremos cabras."

"Bem, pareciam ovelhas", disse Derek na defensiva.

Pastore riu.[8]

"Entendo o que quer dizer. Pode ser difícil distinguir as ovelhas das cabras, por isso precisamos ser cuidadosos ao usar uma série de testes para nos convencer de que elas não são cabras. Por exemplo, você pode fazer-lhes algumas perguntas."

"Brilhante idéia", berrou Derek, e ele arrancou em direção a outro agrupamento de criaturas peludas, aproximando-se da que parecia ser a líder, que estava pensativamente mascando um cardo.

"Você é ovelha?", ele perguntou.

"Siiim", respondeu o animal.

Notas...
9.

Seja qual for o tamanho ou o tipo de venda, é importante usar as perguntas de posicionamento; como disse Pastore, as pessoas não se sentem ameaçadas quando falam do passado.

"Você tirou férias no ano passado?
"Sim."
"Para onde você foi?"
"Espanha."
"Ah, Espanha! Você gostou da Espanha?"
"Sim, muito."
"Então, vai à Espanha novamente?"
"Não, mas gostaríamos de ir para um lugar com o mesmo tipo de clima."

Isso poderia continuar por algum tempo, mas é possível perceber que enquanto não ficar sabendo onde elas estão, você não será capaz de dizer para onde vão.

"Eu preciso arrebanhar algumas ovelhas logo, logo. Você estaria interessada?", Derek perguntou ansiosamente.

"Adoraria, amigo", respondeu o animal peludo.

"Quer ser arrebanhada agora?"

"Espere um pouco, velhão, preciso esclarecer a situação com as outras — que, como pode ver, estão um pouco ocupadas no momento."

Derek olhou em torno. A "ocupação" parecia consistir em muita ruminação comunal, mas quem era ele para questionar? Como dizem: "O cliente tem sempre razão".

"Então, quando é que imagina que vão poder ser arrebanhadas?"

"Aaaah, não sei. Volte daqui uma hora ou duas, melhor ainda, nós vamos balir quando precisarmos de você."

Depois disso, a criatura ficou em silêncio, olhando para Derek. Isso o fez se sentir muito pouco à vontade e lhe deu uma vontade irresistível de dizer alguma coisa.

"Ah, então está bem. Ah, apareço por aqui depois ... ou ... espero aqui ou ... espero que você me chame, então."

"Faça isso, filho."

"Bom, prazer em conhecê-la."

Derek disparou de volta ao encontro de Pastore, cheio de animação.

"Veja você, Pastore, a minha primeira experiência de pastoreio."

"Ótimo — você está fazendo um bom trabalho, e é preciso ter muita coragem para fazer perguntas a completos estranhos, mas você sentiu que conseguiu conduzi-las a uma boa distância?"

"Bem, eu sei que as levei por um bom pedaço."

"Tenho certeza disso, mas quando eu pastoreio, gosto de me assegurar que atingi algum sucesso mensurável, por isso eu gostaria de saber a que distância você as levou."

"Bom, você pode ver a que distância eu as levei!", ganiu Derek apontando com a pata.

"Garanto a você que elas parecem ter-se movido um pouco, mas onde elas estavam antes de você conduzi-las?"

"A uma boa distância de lá", declarou Derek.

"Na direção certa ou na direção errada?", perguntou Pastore.

"Antes de começarmos a pastorear, precisamos ter certeza de onde as ovelhas estão, exatamente."

"Como?"

"Um método é perguntar às próprias ovelhas. Eu chamo isso de 'perguntas de posicionamento'."

"Eu fiz perguntas, e elas me responderam que estavam muito interessadas em ser pastoreadas", disse Derek, orgulhosamente.

"Elas também lhe disseram que eram ovelhas, não é?"

"Siiim, e tão logo acabem o que estão fazendo, vou voltar lá e elas vão me deixar levá-las até o cercado."

"Isso parece ótimo, mas eu tenho a desagradável impressão de que elas são cabras."

"Cabras!", a mandíbula de Derek caiu. "Mas elas disseram que eram ovelhas."

"As cabras costumam fazer isso. Ficam embaraçadas se as pessoas pensam que elas não estão à altura de ser ovelhas."

"Então, não fazia muita diferença perguntar-lhes se eram ovelhas?", disse Derek, sentindo que tinha sido passado pra trás.

"Exatamente, fazer perguntas diretas nem sempre leva você muito longe, mas, anime-se, Sortudo, você é um cão muito esperto — afinal, você costumava ser um humano. Pense nisso, faça perguntas indiretas que lhe sejam ditadas por sua intuição. Você não quer enganá-las nem envergonhá-las, assim, fale do passado. Ninguém se importa em falar do passado, e isso lhe dá uma boa idéia do futuro."[9]

Antes que fossem adiante, eles perceberam um alvoroço no campo ao lado — um campo que não pertencia à fazenda deles. Ouviam-se latidos furiosos, gritos e balidos. Pastore e Derek correram até a cerca que limitava a fazenda para ver o que estava acontecendo. Derek ficou de boca aberta diante do que viu. Cachorros grandes como lobos estavam perseguindo centenas de — nesse caso muito claramente — ovelhas aterrorizadas. Com os dentes à

mostra, os brutos selvagens cercaram suas presas infelizes. Qualquer ovelha que resistisse era mordida ou derrubada.

"Eles são lobos?", sussurrou Derek roucamente.

"Não, são cães de pastoreio também", respondeu Pastore, com um sorriso retorcido, obviamente não gostando nem um pouco do que estava vendo.

"Cães de pastoreio? Como nós?" Derek estava incrédulo, mas por dentro sentia um pouco de admiração pela força selvagem daqueles cachorrões.

"Não, não são como nós. Eles se chamam pastores alemães e trabalham para o abatedouro — o matadouro. O trabalho deles é fazer com que elas entrem naquele caminhão. Eles podem ser tão duros e maldosos o quanto quiserem, porque essas ovelhas nunca mais vão voltar. Você provavelmente chamaria o método deles de 'alta pressão'."

"Por que nós não podemos ser um pouco mais duros? Eles certamente estão alcançando seus objetivos."

"Veja, há dois modos de ganhar a vida com rebanhos de ovelhas — e não se engane, é para isso que estamos aqui, ganhando a vida com ovelhas. O primeiro modo é matar as ovelhas, tirar suas peles e vender a carne para assar, os ossos para fazer cola e o couro para diversos usos. Você vai fazer disso o seu sustento, mas, deixe-me perguntar-lhe uma coisa, quantas vezes você pode tirar o couro de uma ovelha?"

"Humm", Derek pensou um pouquinho. "Somente uma?"

"Exatamente, só uma vez."

"Agora, acredite ou não", Pastore continuou, sorrindo. "Algumas das ovelhas realmente gostam de mim. Venho trabalhando com as mais velhas há anos e, como nunca machuquei ou tirei vantagem de nenhuma delas, elas confiam em mim. Em outras palavras, temos um relacionamento de confiança."

"E como é que se ganha a vida desse modo?", perguntou Derek.

"Porque, com amor, atenção e confiança, chega um dia quente e as ovelhas vão se aproximar mansamente daquela figura em

Notas...
10.

Este livro usa a alegoria da jornada de um cão de pastoreio com as ovelhas para nos fazer pensar em nossa jornada com o cliente, mas isso significa que vai desde o primeiro contato feito até o fechamento da venda? Ou isso significa do primeiro contato à vida inteira do cliente? Achar e conservar clientes é a única atividade que gera dinheiro, tudo o mais gera custos.

Por que as jornadas de seus clientes terminam e quem estava envolvido nelas? Talvez todo mundo na sua organização deva assumir a responsabilidade de fazer o relacionamento durar para sempre.

quem confiam e dirão: 'Béé, não agüentamos o calor dentro dessa coberta de lã', e eu vou lhes responder que posso ajudá-las a se livrar disso. Se elas quiserem esperar dentro do cercado, eu posso buscar o fazendeiro para tosquiá-las, tirando toda aquela lã velha. Sortudo, quantas vezes você pode tosquiar uma ovelha?"

"Uma porção?"

"É isso aí, uma porção de vezes!"[10]

"Assim, com o passar do tempo, eu só preciso criar um relacionamento com as ovelhas para que elas confiem em mim e se dirijam sozinhas para o cercado?", disse Derek.

"Não, este é apenas um bônus. As ovelhas novas não me conhecem e precisam ser controladas com firmeza durante todo o processo de pastoreio. Mas eu as respeito e cuido do que é bom para elas. Depois de algum tempo, elas passam a confiar em mim e juntam-se ao grupo crescente de ovelhas que são fáceis de lidar, porque temos um relacionamento baseado na confiança."

"Grupo crescente?"

"Sim, descobrir e conservar ovelhas rentáveis é o nome do jogo. Eu acho que nunca perdi nem ao menos uma ovelha — exceto por velhice — e, é claro, há um relacionamento de confiança com os cães que são meus companheiros. Ajudamos uns aos outros e podemos cuidar cada um das ovelhas do outro — sem medo de qualquer uma das partes. Chama-se a isso trabalhar como uma equipe, mas, para fazer isso, você precisa dividir as gratificações."

A atenção de Derek foi atraída mais uma vez para os pastores alemães. Embora trabalhassem vigorosamente, com uma espécie de energia violenta, e até mesmo rosnassem uns para os outros, havia uma simetria no modo como trabalhavam; se uma ovelha se perdia, dois ou até mesmo três cães trabalhavam em conjunto até que a criatura aterrorizada fosse levada sob controle.

"O que os motiva?", perguntou Derek.

"Quanto mais ovelhas eles trazem, mais comida recebem. Sem ovelhas, não há comida."

"É assim com Brutus e a turma dele. Cada cachorro por si mesmo", disse Derek.

Notas...
11.

Você pode exercer tanta pressão quanto os cães do matadouro, mas, como eles, não espere, jamais, ver seus clientes novamente.

"Não tanto, eles não são tão idiotas assim. De fato, eles são cães muito inteligentes. Não é um tipo de inteligência que eu admire, mas são inteligentes o bastante para perceber que, quando um cachorro novo começa com eles, é necessário deixá-lo levar algumas ovelhas mais fáceis, ou ele ficará desmoralizado. Eles também trabalham juntos quando é preciso."

"Então, de algum modo, eles formam uma equipe?", observou Derek.

"Não! Eles não formam uma equipe, mas uma matilha — e há uma enorme diferença entre uma coisa e outra."

Derek percebeu que uma das ovelhas se colocara num lugar em que havia uma cerca de espinhos entre ela e o caminhão do matadouro.

"Aí está um belo obstáculo intransponível", Derek afirmou.

"Vamos ver", replicou Pastore.

A ovelha tentou fugir, mas o cão parecido com lobo era muito rápido; ele se lançou, com os dentes à mostra. A outra chance da ovelha era virar-se e se atirar na cerca de espinhos. A criatura se transformou num emaranhado de pernas que se debatiam, lã e galhinhos.

O enorme cão de olhos amarelos ficou pacientemente esperando até a ovelha conseguir se desembaraçar, e então ele atacou novamente. Isso aconteceu repetidas vezes, até que a ovelha finalmente passou aos trambolhões para o outro lado da cerca.

"Bom, ele certamente conseguiu superar aquele obstáculo."

"Ele pode ter conseguido, mas a ovelha está exausta e aterrorizada. Ele vai ter de continuar nesse nível de agressão até o fim, o que vai deixar tanto a ovelha quanto o cão completamente exaustos — e vou lhe dizer: a ovelha não vai querer jamais repetir essa experiência", disse Pastore.

"Ela não vai ter nenhuma oportunidade de fazer isso de novo", declarou Derek.

"Você tem razão", disse Pastore, com ar grave.[11]

"Precisamos encontrar obstáculos. Eu sei o que eu fazia quando era humano, e quando não havia um pouco de pressão, perdia-se tudo."

"Há um modo melhor, e você vai aprendê-lo quando for a hora certa", disse Pastore.

Não se passou muito tempo até que a maior parte das ovelhas estivesse no caminhão, todas elas balindo, perturbadas e aterrorizadas; mas, quando tudo parecia ter acabado, começou um enorme rebuliço. A matilha tinha se fechado em torno do último animal. Havia rosnados e ganidos, com lã e pêlos voando em todas as direções. Por um instante, abriu-se um espaço e Derek viu que o centro das atenções era Reg, o carneiro. Reg era um carneiro esperto e sabia muito bem o que iria acontecer com ele. Reg estava lutando pela própria vida. Com a cabeça baixa, ele investia, voltava a investir, uma, duas, inúmeras vezes. Derek conseguia ouvir os estalidos e golpes quando os chifres de Reg acertavam o alvo. Ele sabia o quanto Reg conseguia ser violento em condições normais, mas agora ele estava desesperado e Derek duvidava que até mesmo aqueles cachorros tremendamente fortes fossem capazes de dominá-lo. Entretanto, cada vez que um cão era atirado para o lado, outro e mais outro se amontoava, de tal forma que Reg ficou exausto e a matilha o foi levando cada vez mais perto do caminhão, com o valente carneiro lutando centímetro a centímetro. Finalmente a porta traseira foi levantada e trancada.

Enquanto o caminhão se afastava, as dezenas de olhos assustados que olhavam para fora do caminhão, fazendo sua última viagem, impressionaram Derek. Ele odiara e tivera medo de Reg, mas um animal tão corajoso acabar daquele modo o deixava muito perturbado. À medida que o caminhão acelerava em direção à saída do campo, formava uma grande nuvem de poeira e, quando ela baixou, Derek viu uma figura massacrada e desafiante — retalhada e sangrando, mas ainda em pé. Era Reg, fato que a matilha não deixou de notar. Dessa vez, eles se aproximaram para matar. Não havia como Reg sobreviver a isso. O homem que guiava a matilha estava furioso.

"Esse carneiro velho e manhoso conseguiu escapar do caminhão, dá para acreditar?", ele gritou para o companheiro. Então, para os cães: "Podem acabar com ele".

Foi nesse momento que o pastor de Derek e de Pastore interferiu.

"Espere um pouco, Frank! Ele não vai valer nada para você se eles despedaçarem a garganta dele."

"Sim, mas será uma lição para qualquer outro carneiro que queira ter idéias quanto à sua posição. É mesmo uma pena, ele teria sido um excelente reprodutor se fosse possível controlá-lo."

"Vou tirá-lo de suas mãos", o pastor disse, enquanto sacudia um maço de notas debaixo do nariz do homem.

O homem agarrou-as. "Certo, amigo, ele é todo seu, e boa sorte."

O pastor passou uma corda em volta do pescoço de Reg; o carneiro tentou lutar, mas não tinha mais forças.

"Ele está abatido por agora, mas, quando se recuperar, aposto que vamos nos enfrentar de novo", pensou Derek estremecendo.

Eles se afastaram da cerca. Em uma das colinas ensolaradas se via um grupo de animais lanudos.

"Agora", disse Pastore, "vou lhe dar uma ajudazinha. Aquelas são, sem dúvida nenhuma, ovelhas e certamente precisam ser pastoreadas, mas..."

"Não precisa me dizer duas vezes", e, com isso, Derek disparou como um foguete. Ele tinha ficado um tanto assustado e intimidado com os selvagens pastores alemães, mas eles tinham sido bem-sucedidos em tudo o que haviam tentado (bem, quase tudo, exceto pelo velho e terrível Reg), assim ele não podia deixar de admirá-los. Talvez, devesse seguir a cartilha deles e se mostrar: enérgico, agressivo, incisivo. Fora nesse aspecto que tinha agido de forma errada. Ele tinha deixado pessoas (e ovelhas e cabras e outros cães) passarem por cima dele. Bom, a partir daquele momento ele não era mais o Bom Moço — humm ... o bom cão.

Derek investiu contra o grupo de ovelhas, latindo como um louco. As ovelhas levantaram os olhos do seu pastor tranqüilo, horrorizadas diante dessa aparição galopante e barulhenta. Segundos depois, elas tinham se espalhado, balindo amedrontadas, mas, diferentemente das cabras, Derek conseguiu, com intimidação, man-

Notas...

12.

Se você apressar seus clientes, eles vão sair correndo.

ter pequenos grupos juntos. Assim que conseguiu juntar algumas ovelhas, ele ficou correndo atrás delas, aqui e ali. "Assim é a vida", ele pensou, "agora estou no comando."

O único problema parecia ser que, tão logo conseguia levar um grupo de ovelhas para onde ele queria, elas davam meia-volta e saíam à procura das outras que haviam se espalhado. Mas, nada de preocupação, pelo menos ele estava pastoreando de verdade uma respeitável quantidade de ovelhas. Por isso, que importância tinha se perdesse algumas — um índice de 15% de sucesso era muito bom. Ele as arrebanhava deste ou daquele modo, depois daquele e deste modo, e daquele modo, então daquele modo, e deste modo, mas depois de algum tempo, ele começou a ficar cansado e evidentemente as ovelhas também. De fato elas estavam ficando muito angustiadas, com as línguas de fora e arfando como foles.

"Para um dia só, já pastoreei o suficiente", ele decidiu, e trotou de volta até Pastore.[12]

Estranhamente, Pastore não parecia nem um pouco satisfeito.

"Sortudo, você é um camarada muito simpático, e fico muito contente por ter resolvido juntar-se à nossa equipe. A energia e o entusiasmo que possui são valores reais que tornam você muito importante para mim."

Derek ficou radiante, mas não por muito tempo.

"É por isso", Pastore continuou, "que fiquei tão desapontado por assistir uma exibição tão horrorosa como essa. Em primeiro lugar, o que você estava fazendo?"

"Pastoreando!"

"Onde foi que você aprendeu a 'pastorear' com tanta violência?"

"Com os pastores alemães, eles mantêm o controle."

"Com métodos agressivos, desagradáveis, usando pressão excessiva. Olhe para as suas ovelhas."

Derek se virou. As ovelhas ainda estavam tremendo, olhando para ele com medo e ódio.

"Você acha que elas querem repetir essa experiência? Você criou um relacionamento com elas? Pode ser que você jamais consiga trabalhar com elas novamente. Concorda comigo?"

Notas...

13.

Antes mesmo de pensar em se aproximar das pessoas, reserve algum tempo para decidir exatamente o que você quer realizar e onde você gostaria que elas estivessem quando você tiver terminado.

"Sim, acho que sim." Derek sentia-se péssimo.

"E você as estava arrebanhando a fim de levá-las para onde?"[13]

"Para onde?" Isso nunca tinha ocorrido a Derek.

"Você sabe que isso é um traço muito humano: arrebanhar sem idéia de para onde vai conduzir e por quê. Levanta-se todos os dias, gasta grandes somas de energia sem ter em vista absolutamente nenhuma meta ou objetivo. Ouça, somos simples cães, e você viu os cães de pastoreio trabalhando, alguma vez viu um cão pastoreando ovelhas sem ter idéia do local para onde as está conduzindo?"

"Não." Derek abaixou a cabeça. Ele nunca tinha se sentido tão deprimido. Agora ele tinha conseguido desagradar até seu herói, Pastore.

"Bem, fim do sermão", os olhos de Pastore cintilaram de novo. "Aposto que você não quer mais cometer esses mesmos erros. Eu me sinto responsável por não lhe ter explicado as coisas antes com o cuidado necessário. Então, o que é que você acha de trabalharmos juntos, e eu vou lhe mostrar o melhor modo de pastorear. Juntos faremos de você o maior sucesso na arte canina de conduzir ovelhas."

"Quando começamos?" Derek estava animado novamente.

"Logo, mas antes eu preciso pedir desculpas às ovelhas e tentar corrigir a situação", disse Pastore.

"Por que você deveria se desculpar?", admirou-se Derek. "Fui eu que as persegui e perturbei."

"Eu sei, mas você faz parte da minha equipe e devo assumir toda a responsabilidade. Sempre assuma a responsabilidade diante daqueles a quem causou problemas, assim as coisas ficam mais fáceis."

"Posso fazer isso", disse Derek ansiosamente.

"Fico feliz ouvindo isso, mas, neste momento, venha comigo e observe."

Pastore aproximou-se das ovelhas, que o olhavam com muita desconfiança.

Notas...
14.

Quando tiver de se desculpar ou lidar com uma queixa, diga que você sente muito e assuma a inteira responsabilidade, não importa quem você pense que seja o responsável. Dessa forma três coisas acontecem:

os clientes aceitam o que você diz;
eles o respeitam; e
compreendem.

Antes que seus advogados comecem, você pode ser responsável sem se expor a um processo. Você pode se desculpar por eles terem se desapontado, sem que você tenha sido quem os desapontou.

"Desculpem-me por incomodá-las", disse Pastore para as ovelhas, "mas acabei de ver o que aconteceu durante o pastoreio."

"Sim, bééé, terrível, bééé. Uma vergonha, bééé, não deveria ser permitido, bééé!"

Pastore levantou a pata e as ovelhas pararam de balir por um momento.

"E eu estou vindo exatamente para dizer ... Sinto muito, estraguei completamente o dia de vocês e peço muitas desculpas."

Houve um grande silêncio e, depois de pensar um pouco, uma ovelha confusa disse: "Bem, mas a culpa não foi sua."

Pastore replicou: "É muito gentil de sua parte ser tão compreensiva, mas eu sou responsável pelo comportamento de todos os que fazem parte da minha equipe e sinto muito por ter aborrecido vocês. Por isso, o que é que eu posso fazer para compensá-las?"

Logo as ovelhas estavam bem descontraídas conversando com Pastore, e para alívio de Derek a raiva delas tinha se evaporado completamente.

Pastore deixou as ovelhas com um comentário alegre e voltou para o lado de Derek.[14]

"Isso foi impressionante, elas comem na sua mão. Mas por que você assumiu a culpa? Quando eu era humano, sempre tive clientes que vinham para cima de mim por coisas que eu não tinha feito, por peças que o montador não tinha ajustado adequadamente, ou por mercadorias quebradas pelo chofer do caminhão de entrega. Na verdade, o escritório principal era todo bagunçado. Eu nunca tive contrato de trabalho, a mercadoria errada era entregue e, então, os clientes vinham atrás de mim. Bom, eu estava do lado deles — e lhes descrevia o bando de idiotas inúteis para quem eu trabalhava."

"E isso deixava os clientes mais satisfeitos?", perguntou Pastore.

"Humm, não, para dizer a verdade, isso os enfurecia."

"Ouça, quando você assume toda a responsabilidade, você ganha posição, respeito, compreensão e aceitação."

"Sim, mas para essas ovelhas você é importante."

Notas...

15.

Tenha uma visão clara de todo o trabalho: obstáculos, distância e o resto. O mais importante de tudo: não engane a si mesmo.

Pastore sorriu: "Pareço importante porque eu assumo responsabilidades. Falando em responsabilidade, eu sou responsável por transformá-lo em um cão de pastoreio bem-sucedido e em plena atividade, por isso, mexa-se, vamos aprender o modo certo de fazer isso."

Pastore levou Derek até o alto de uma colina arredondada coberta de capim, de onde era possível ter uma visão de várias campinas em que grupos de ovelhas insuspeitas estavam pastando.

"Para ajudá-lo a começar", disse Pastore, "posso lhe afirmar, mais uma vez, que o que você está vendo é definitivamente um grupo de ovelhas e que elas muito certamente precisam ser pastoreadas. Agora, este é um ótimo lugar para começar porque ele dá a você uma visão clara do trabalho todo, e também alguma idéia sobre quais obstáculos possivelmente vão estar no nosso caminho."[15]

Derek sentou-se ao lado de Pastore e juntou-se a ele para explorar a visão geral daquela área.

Pastore continuou: "Ali está o cercado para onde temos de conduzi-las, e aquela é a nossa meta. Quando as ovelhas estiverem recolhidas lá, em segurança, teremos tido sucesso. Vá e conheça as ovelhas, e veja o quanto vai pastoreá-las bem. Você pode ver onde elas estão; sabe que elas são ovelhas; sabe que precisam ser pastoreadas; e consegue ver daqui o cercado para onde vai conduzi-las. Agora, mexa!"

Derek disparou morro abaixo, mas, quando foi se aproximando das ovelhas, ele diminuiu a velocidade para não assustá-las.

"Oi, ovelhas! Quero me apresentar. Sou Derek, o novo cão de pastoreio. Por aqui me chamam de Sortudo (na verdade, quando eu era humano, era chamado de Derek)!"

Dessa vez Derek certamente não tinha assustado as ovelhas; na verdade, elas não pareciam estar muito interessadas nele. Uma ou duas levantaram os olhos, sem parar de mastigar.

"Ó, sim, oi Sortudo", baliu uma delas. "Oi, Sortudo", baliu a outra. Houve um momento em que tudo o que se ouvia era o capim sendo mastigado. Derek sentiu-se pouco à vontade. Uma ovelha grande, sentindo o embaraço de Derek, quebrou o silêncio:

"Certo, agora que nos conhecemos, o que você quer?"

"Bom, em primeiro lugar quero agradecer-lhes por me dar atenção. Posso notar que todas estão tão ocupadas pastando e não quero tomar muito do seu precioso tempo. Quero só falar sobre uma maravilhosa oportunidade oferecida a vocês. Há um cercado, a uma distância de uns dois pastos daqui, disponível para que vocês possam se fechar lá quando desejarem, ou, se eu puder ajudar de alguma forma, basta balirem caso precisem de alguma coisa."

"Isso parece ótimo", disse a ovelha. "Obrigada por nos informar, Sortudo."

"Você acha que vão partir logo?"

"Sim, pode ser. Certamente estamos interessadas em pastar em algum lugar diferente, por isso obrigada pela informação. Escute, não queremos ser rudes, mas realmente precisamos dar prosseguimento ao que estamos fazendo aqui."

Derek ficou parado durante algum tempo, sem saber o que fazer em seguida.

"Hã, certo, então eu aguardo enquanto vocês pensam a respeito?"

"Pensar a respeito ... Sim, é o que faremos, vamos pensar a respeito", replicou a ovelha.

"Então vou me afastar", disse Derek.

"Sim, então você deve se afastar", disse a ovelha.

Quando Derek saiu, a ovelha gritou à retaguarda dele: "Estamos interessadas!"

Derek ouviu a ovelha dizer: "Muito simpático, esse cão".

E ele pensou: "Muito simpáticas, essas ovelhas".

Ele foi ao encontro de Pastore sentindo-se muito feliz consigo mesmo. O que é mesmo que estava tentando se lembrar de sua vida comercial? Ah, sim: ele estava construindo um bom relacionamento com aquelas ovelhas.

"Como é que foi lá?", perguntou Pastore.

"Brilhante", replicou o animadíssimo Derek. "As ovelhas estão realmente interessadas."

"Então você já as levou para o cercado?"
"Bom... não exatamente para o cercado, *per se*."
"Certo. Então você já as tirou do campo onde elas estavam?"
"Não."
"Então o que é que você conseguiu?"
"Eu estabeleci um relacionamento excelente com elas", disse Derek orgulhosamente.[16]

"Isso é muito bom, mas temos um trabalho a fazer e este trabalho é levar as ovelhas de onde elas estão para onde elas precisam estar", disse Pastore.

"Mas as ovelhas ainda não estão prontas para serem levadas. Acho que, se eu pressionar, vou perturbá-las e estragar o relacionamento. O problema é que elas parecem muito felizes onde estão."

"Então você está diante do primeiro obstáculo a ser vencido. As ovelhas estão felizes onde estão e você precisa levá-las dali. Mesmo de forma gentil, delicada, não importa o quanto sejamos compreensivos, o nosso trabalho é ir lá e provocar uma mudança na situação atual. Todos, especialmente as ovelhas, são resistentes a mudanças; portanto, não interessa o quanto sejamos cuidadosos, para começar, provavelmente vamos ter de levar as ovelhas (ou pessoas) a fazer coisas que não querem fazer. Mexa-se! Vamos observar a nossa tarefa mais uma vez."

Pastore levou Derek ao alto da colina novamente. Quando Derek olhou para baixo, ele pôde ver como as ovelhas estavam longe do cercado e quantos obstáculos havia no caminho. Seu otimismo se desfez como fumaça quando percebeu as verdadeiras dificuldades da tarefa.

"É fácil enganar a si mesmo quando você não está realmente conseguindo ir a lugar nenhum", pensou Derek, ficando deprimido.

Pastore notou a expressão abatida de Derek.

"Por que esse desânimo?"

"Porque na minha vida inteira fiz esse jogo do "M. interessado", e os clientes, ou, se você preferir, as ovelhas sempre entraram na brincadeira. Eu ficava contente por ser iludido e eles por me iludi-

Notas...
16.

Embora a relação fosse amigável, como nenhum progresso mensurável tivesse sido feito, continuava sendo um fracasso.

rem, desde que não precisassem sair do lugar. Ouça, agora eu consigo perceber como é difícil. Não daria para eu ficar encarregado de algumas ovelhas mais fáceis e um trajeto com menos obstáculos?"

"Se eu os tivesse, claro que sim", respondeu Pastore. "Mas a vida não é assim. Há o trabalho, a distância e os obstáculos são aqueles. Por agora, só o fato de você conseguir ver com clareza a tarefa é um grande passo dado; por isso, só para começar, por que não volta à fazenda, come um pouco e, então, volta com os outros cães para transformarmos esta tarefa em um esforço de equipe. Logo, logo você vai aprender os outros segredos do sucesso."

"Outros segredos?", suspirou Derek. "Eu acho que ainda não sei *nem ao menos um* dos segredos do sucesso."

"Acho que você sabe. Mais algumas dicas e sugestões e você não vai mais fracassar."

Derek acompanhou Pastore, sentindo-se bem melhor. Quando passaram o topo da colina, perceberam um alvoroço no pátio da fazenda: latidos, ganidos, nuvens de poeira e muito barulho. Toda a confusão era causada por um comprido pedaço de pau, com dois cães puxando uma das extremidades e Fido, o filhote, puxando a outra. Embora dessem a impressão de estar se divertindo, Fido definitivamente estava levando a pior. Pastore apressou-se.

"Ora, ora, temos problemas", pensou Derek. Mas, para seu espanto, Pastore juntou-se à brincadeira do lado de Fido. Logo se fez uma grande gritaria e rosnados joviais quando Pastore ajudou Fido a pôr a pata mais para cima.

"Não fique aí olhando", disse entredentes um dos outros cachorros, "venha dar uma mão, Sortudo."

"Ora, se é para arriscar", pensou Derek, e logo ele estava rosnando e puxando com os outros, mas, com o canto do olho, ele viu o pastor se aproximando.

"O que é que está acontecendo por aqui. Por que essa barulheira toda?", gritou o homem. Mas, pelo sorriso dele, era óbvio que não estava realmente bravo. Ele agarrrou o meio do pedaço de pau e tentou pôr para fora todos os cachorros e, em seguida, co-

Notas...
17.
Divirta-se!

meçou a rodar cada vez mais forte até que as patas dos cães abandonassem o solo; mas ainda assim eles continuavam pendurados. O homem logo ficou cansado e parou. Enxugou o rosto suado com um grande lenço vermelho. Os cães largaram o pau e ficaram olhando, as cabeças inclinadas, prontos para se divertir.

"Agora chega, rapazes, vocês venceram. Estou exausto!", mas, tão logo as palavras saíram da boca do fazendeiro, Fido avançou, agarrou o lenço com a boca e saiu correndo. Enquanto o fazendeiro saía em sua perseguição, Pastore latia, alegre e animado. Finalmente, as coisas se acalmaram e Fido deixou cair o lenço aos pés do pastor.

"Seus safados", ele disse com voz amigável, quando voltavam para a casa da fazenda, ainda enxugando a testa com o trapo vermelho, mastigado e encharcado.

"Foi engraçado", riu Pastore. "Aí está, Sortudo, uma outra lição para o sucesso, divirta-se."[17]

"Mas vocês não ficam distraídos pensando no trabalho?", perguntou Derek.

"Quando não estou trabalhando e estou me divertindo, estou me divertindo — é isso aí, ponto final. Afinal, eu sou um cão. Não me preocupo. Quando não trabalho, me divirto, ou como, ou durmo. É alguma coisa que vocês humanos deveriam se esforçar para aprender: separar as partes da vida, para que umas não interfiram nas outras. É claro que, por outro lado, quando faço o meu trabalho, eu me concentro totalmente nele."

"Como é que você aprendeu a fazer isso? Acho que ainda tenho dentro de mim uma porção muito humana que não me deixa agir assim."

"Não entendo muito sobre o que se passa nas mentes em geral, mas ali está um sujeito que poderia ajudar", disse Pastore, apontando com a cabeça para o outro lado do pátio. Lá, em um retângulo ensolarado, aquecia-se o grande gato rajado de vermelho e amarelo do fazendeiro. Um sentimento estranho, que brotava das suas entranhas, tomou conta de Derek. Uma névoa vermelha pareceu subir à sua volta. "Gato!", ele pensou. "Preciso perseguir gatos."

Pastore percebeu o olhar de Derek, idêntico ao que já vira muitas vezes antes.

"Eu, se fosse você, não iria, Sortudo...", foi tudo o que Pastore, com um pouco de atraso, pôde sugerir, mas não serviu de nada. Derek partiu, rosnando.

Naquele momento, Herbert (esse era o nome do gato) tinha acabado de almoçar uns restos já bem passados que tinha tirado da lata de lixo da cozinha e estava fazendo sossegadamente a digestão. Suas vísceras em funcionamento punham no chinelo qualquer reação química. O sol tinha cumprido duas tarefas: tinha relaxado o gato a tal ponto que ele parecia não ter ossos, como se não passasse de um grande pijama macio e folgado. E também tinha levado o seu sistema digestivo a trabalhar lindamente em conjunto com a temperatura. Assim, enquanto respirava vagarosamente, ele produzia nuvens de vapor malcheiroso que saíam de uma abertura muito distante daquela usada para respirar. Em outras palavras: ele sorria, relaxava e soltava gases.

O quadro completo de alguma forma enraiveceu Derek e ele partiu indignado para o ataque. Os outros cães desviaram o olhar, sem querer ver o que eles sabiam que iria acontecer em seguida. Derek estava a um fio de cabelo de distância do seu brinquedo fofo e fedido quando, num piscar de olhos, ele desapareceu. Uma fração de segundo depois, o ar foi rasgado por um silvo agudo e por um barulho imenso, tão terríveis que faziam o sangue congelar nas veias. Alguma coisa caiu na cabeça de Derek, alguma coisa grande, quente e sufocante. Era o gato? Mas essa coisa não era macia, era musculosa, movia-se com rapidez e tinha garras afiadas, agudas, cortantes, que arranhavam e rasgavam por todos os lados. Para Derek, era como se tivesse enfiado a cabeça numa nuvem de tempestade. Instantes depois estava tudo acabado, antes mesmo que Derek pudesse pensar em se defender — sem a interferência de ninguém. Surrado, arranhado e confuso, Derek olhou em volta. Para sua surpresa, no retângulo de sol a alguma distância se estendia o gato — tão relaxado quanto antes. O único vestígio do que

tinha sido a fonte da dor de Derek era a ponta da cauda do monstro que de vez em quando se retorcia raivosamente.

A expressão no rosto de Pastore quando Derek voltou dizia tudo. Se fosse possível para um cão levantar as sobrancelhas, Pastore o teria feito.

"O que eu queria dizer era: preste atenção nele, não o ataque", disse Pastore. "Deixe-me perguntar uma coisa. Antes desse lamentável incidente, o que é que o gato estava fazendo?"

"Bom, fora peidar, imagino que nada."

"Um gato fazendo nada."

"Sim, um gato fazendo nada."

Derek ouviu uma correria e, fora do seu campo de visão, houve uma movimentação repentina e muito rápida. Era um rato? Ou tinha sido? O movimento parou atrás de uma tora de madeira. Sim! Era um rato que disparara em uma velocidade incrível para um novo esconderijo.

Pastore cutucou Derek e apontou com seu longo focinho na direção do gato adormecido. Só que o gato não estava mais dormindo, ele estava se agachando, com os olhos abertos, ardendo como aterrorizantes fagulhas verdes, e Derek pôde perceber que aquilo que antes fora um macio saco de pêlos era agora uma massa de músculos tensos, como se fosse uma mola. Embora aqueles músculos parecessem ondular, o gato estava, na verdade, completamente imóvel. Apenas sua boca parecia mover-se um pouco, como se testasse o ar e dissesse palavras de incentivo: "Ora vamos, mexa-se, corra, basta só mais um passinho". Era uma máquina mortífera. Derek perguntou a si mesmo horrorizado como podia ter sido tão idiota só em pensar em atacar aquele monstro.

"O que é que o gato está fazendo neste exato momento?", perguntou Pastore.

"Bom, não muita coisa. Na verdade, realmente nada", Derek respondeu, meio hesitante.

"Isso foi o que você disse que ele estava fazendo quando ele estava lá, aquecendo-se ao sol."

Notas...

18.

Quando estiver envolvido com pessoas — família, amigos ou clientes —, dedique cem por cento de sua atenção a elas. Esteja presente para elas.

"Sim, eu sei, mas eu acho que há dois tipos de 'não se fazer nada'."

"Dois tipos de 'não se fazer nada'? Tenho observado as pessoas quando elas falam. Se alguém estiver entediado ou distraído, é como se nem estivesse presente. Vocês humanos não têm a expressão 'a quilômetros de distância'? Nós não somos assim. Quando estamos aqui, estamos aqui. Como você viu, quando nos divertimos, nos divertimos. Os humanos misturam tudo. Ficam estressados com o trabalho quando deveriam estar descansando ou se divertindo, então, quando estão trabalhando, fazem isso usando apenas a metade do cérebro ou menos e ainda se surpreendem quando fracassam."

O gato se sentiu perturbado pela conversa e olhou para o cachorro.

"Se o olhar matasse — agora sei de onde veio essa expressão", pensou Derek.

Fez-se o mais completo silêncio no pátio da fazenda. O gato se preparou, as patas para a frente, as unhas recurvadas na poeira como os dedos no gatilho de uma arma. Houve um lampejo de movimento atrás de uma lata velha. Bang! Um raio vermelho-amarelado, uma explosão de garras, dentes e movimentos vigorosos, e foi fim de jogo para o rato.

"Cem por cento de atenção — ele não falha nunca. Aquele rato estava morto no minuto em que apareceu aqui no pátio. Lembre-se, quando a sua mente começar a divagar, pense no 'gato peidorreiro'", disse Pastore.[18]

Ele então se dirigiu aos outros cães: "Certo, pessoal, agora está na hora de pastorear as ovelhas". E para Derek: "Agora, para se divertir um pouco — você vai aprender como se faz isso".

O grupo de cães chegou à colina arredondada e coberta de capim onde o pastor já estava esperando. Pastore e os outros cães sentaram-se perto dele. Eles aguardavam pacientemente, mas Derek podia sentir a energia concentrada, como tinha percebido no gato.

"Está pronto, Sortudo?", perguntou o pastor. "Não se preocupe, siga o Pastore e não vai errar demais." O pastor soltou um assobio agudo e gritou: "Vamos!"

Os cães dispararam para a frente como se fossem um só, Derek junto com eles. Ele nunca na sua vida — de cachorro ou de humano — tinha sentido tanto como se pertencesse a um grupo como naquele momento.

"Fique comigo e não faça nada, a não ser que eu lhe diga para fazer", disse Pastore.

Os cães deram a volta fazendo um grande arco, enquanto dois deles se desprendiam da formação e avançavam na direção que as ovelhas deveriam seguir. Pastore disparou em frente e acercou-se das ovelhas. Derek notou que algumas delas eram as que tinham lhe dado o fora antes. Enquanto Pastore se acercava, as ovelhas ficaram inquietas, mas a abordagem de Pastore, embora firme e positiva, não era nem um pouco agressiva. Logo ficou óbvio para as ovelhas que elas se sentiriam mais confortáveis se saíssem dali, o que elas fizeram em meio a muitos balidos e resmungos, mas sem pânico ou medo.

"Não é exatamente como se você estivesse fazendo uma porção de amigos", arfava Derek, enquanto tentava acompanhar o passo de Pastore.

"É essa resistência inicial que você tem de vencer", Pastore comentou. "É o grande dilema do pastoreio. Mantenha aquele relacionamento maravilhoso, não pressione as ovelhas, deixe-as em paz e elas permanecerão onde estão. Certo, mas nós precisamos que elas se dirijam para outro lugar. Ninguém gosta de mudanças e, se o seu serviço é provocar mudanças, então você tem de aprender a lidar com um pouco de resistência."

Derek notou que as ovelhas estavam caminhando muito rapidamente e Pastore estava começando a recuar.

"Veja!", disse Pastore. "As ovelhas estão muito contentes agora. Elas acham que estão correndo para onde querem ir, e que é, por acaso, bem longe de nós, e que é, também por acaso, para on-

de nós queremos que elas se dirijam. O truque é manter-se no controle, mas com um toque tão leve que ninguém perceba. Isso significa um planejamento muito cuidadoso. Você precisa sempre dar a impressão de que a outra parte está usando o livre-arbítrio."[19]

Derek sentiu que estava conseguindo pegar o espírito do jogo do pastoreio e afastou-se de Pastore. Uma das ovelhas que estava na retaguarda olhou em torno, viu Derek e imediatamente entrou em pânico. Ela tentou fugir daquele cão pesado e ansioso. Sem ter para onde ir, balindo, ela se chocou contra a ovelha da frente, batendo com a lateral da cabeça, mas ainda fazendo pressão. Isso desestabilizou o grupo, e as ovelhas tentavam subir umas nas outras na ânsia de escapar do seu torturador. Foi uma debandada geral.

"Deite-se já!", silvou Pastore para Derek, que estava se sentindo tão mal pela besteira que fizera, que obedeceu imediatamente. Pastore ficou abaixado ao seu lado e, de certo modo, estranhamente calmo.

"Tempo bom que estamos tendo para esta época do ano", disse Pastore.

"Ah?", replicou Derek, sem entender.

"Eu disse: tempo bom. Acho até que vi uma rolinha naquela moita."

"Ah?", repetiu Derek.

Houve um estouro do rebanho, mas logo as ovelhas pararam quando os cães líderes, com as cabeças abaixadas, firme e rapidamente bloquearam o caminho, bem no caminho delas. As ovelhas se voltaram para ver o que era mais assustador: os cães à frente ou seus selvagens perseguidores. Para surpresa delas, tudo o que viram atrás foram dois cães muito tranqüilos aproveitando o sol. As ovelhas logo se acalmaram, e não demorou muito elas voltaram a pastar.

"Olhe, eu sinto muito", disse Derek. "Disparei, de novo."

"Você não causou nenhum prejuízo, Sortudo", disse Pastore. "Você está fazendo um bom trabalho e esse é um erro que todos nós cometemos de vez em quando. Quando as coisas estão andan-

Notas...

19.

Quando as coisas parecerem estar indo bem, fique calmo. Se você pressionar, pode estragar tudo.
Se recuar demais, também pode estragar tudo.
Use a sua mente canina — fique atento à sensação de pânico que pode surgir na outra parte.

"Ouça, acho que já tomei o suficiente do seu tempo. Vou deixá-lo com o que foi conversado e nos reuniremos novamente depois. Digamos, na próxima semana, ou seria melhor para você na outra ainda?"

Recuar, mas ainda permanecendo no controle, ainda na viagem.
As coisas indo devagar, os calcanhares se arrastando?

"Isso é tudo. Posso sugerir para irmos mais adiante, você faz seu primeiro pedido agora, e dentro de um dia ou dois eu passo para ver como você está sendo atendido."

do, nós nos sentimos tentados a forçar a marcha, a pressionar demais, num ritmo para o qual a outra parte ainda não está pronta, por isso elas entraram em pânico. Mas olhe para elas agora que deixamos de lado a movimentação exagerada. A cadência certa é a chave do sucesso: muito devagar, e se perde o momento; muito rápido, e geramos o pânico e a resistência."

"Já percebi isso", disse Derek, "mas como descobrir a velocidade certa?"

"Pela experiência, é claro, mas você também pode conseguir algumas pistas. Lembra-se daquele gato peidorreiro? Fique cem por cento concentrado. Sinta a atmosfera. Ouça a conversa das ovelhas. Será que elas estão preocupadas? Lembre-se de que você não pode pastorear ovelhas preocupadas. De qualquer modo, Sortudo, está na hora de nos mexermos novamente."

Derek mais uma vez deixou Pastore ir na frente, e Pastore acercou-se das ovelhas. A maioria começou a mover-se como antes, mas duas delas estavam se sentindo muito felizes onde estavam, mastigando um bom feixe de capim. Pastore acercou-se um pouco mais. "O que foi aquilo, uma mordidela no calcanhar das ovelhas?", pensou Derek, surpreso. "É claro que não!"

De qualquer modo, as duas amotinadas saltaram para a frente para juntar-se às outras e o progresso da caminhada foi mantido até surgir o próximo obstáculo, na forma de uma cerca viva cheia de espinhos. As ovelhas pararam e os cachorros também. Pastore não pressionou, diferentemente dos cães do matadouro, em vez disso foi ao encontro da ovelha líder.

Ela falou primeiro.

"Escute, estávamos muito felizes de acompanhar esse negócio de pastoreio, mas agora ele acabou diante dessa cerca enorme cheia de espinhos. Não vejo como, diante das circunstâncias, poderemos continuar."[20]

Pastore acenava com a cabeça compreensivamente.

"Sim, considerando o saboroso capim não pastado que está lá do outro lado, esta cerca deve ser uma grande decepção. Você diz

Notas...
20.

Antigamente, isso era chamado "Lidar com objeções", mas agora que nos associamos aos nossos clientes, devemos olhar para isso como "preocupações". Devemos procurar os sinais: "Diante das circunstâncias" é um sinal clássico. Eles não estão dizendo: "De jeito nenhum"; estão sugerindo que, se as circunstâncias fossem diferentes, haveria algum jeito. Prestem atenção a: "Diante desses preços, não podemos", "A menos que você esteja preparado...", "Levando em consideração nossas experiências passadas...", "Não vejo como, neste momento...".

Ouvimos atentamente as preocupações e, junto com os clientes, acalmamos as suas mentes.

que, diante das atuais circunstâncias, é impossível continuar; você poderia, entretanto, me ajudar, se explicasse quais são essas circunstâncias."

A ovelha estava se acalmando, surpresa com a atitude conciliatória de Pastore.

"Todas nós adoraríamos um pasto novo, mas aparentemente não há como passar pela cerca viva cheia de espinhos, e você sabe o que sebes espinhentas fazem com a nossa lã."

Derek tinha visto um vão na cerca e ficou todo animado achando que poderia ajudar. Ele começou a correr na direção das ovelhas para contar-lhes as boas novas.

"Posso ajudar com isso!", ele latiu. "Há um..."

Duas coisas aconteceram: os olhos da ovelha se arregalaram de medo enquanto ela recuava e Pastore estendeu uma pata para impedir que Derek continuasse.

"Desculpe o meu jovem amigo", ele disse para a ovelha. "Ele é um tanto entusiasmado demais. Acalme-se, Sortudo — minha colega ovelha e eu temos muito o que conversar."

Derek, surpreso, recuou e sentou-se mais para trás. Pastore continuou a conversar com a ovelha.

"Sim, eu concordo que não há nada pior do que uma lã emaranhada, mas tenho certeza de que você vai concordar que, se pudesse chegar até o novo pasto sem obstáculos, seria maravilhoso?"

"É claro", disse a ovelha. "Mas não estou vendo nenhuma brecha para passar."

Derek mal podia se conter e achava que iria explodir se não falasse, mas a pata de Pastore se ergueu novamente.[21]

"Eu entendo o seu ponto de vista. Escute, se eu achasse uma passagem sem obstáculos, você iria para o outro lado?"

"É claro", disse a ovelha.

"Bom", disse Pastore, virando-se para o vão que Derek vira na cerca, "esta brecha leva para o outro lado da cerca sem problema."

"É muito estreita", disse a ovelha.

Derek quis dizer "não, não é", mas o olhar de Pastore o impediu.

Notas...

21.

Se você enxergar uma solução para o problema, não fique muito ansioso para apresentá-la. Lide com o problema de forma a valorizar a solução e então consiga o compromisso de irem adiante antes de resolver o problema.

"Desculpe-me por parecer obtuso, mas como, estreita?"

"Se passarmos como um rebanho, as ovelhas que ficarem nas laterais e não no centro vão ficar com a lã emaranhada, por isso é muito estreita."

"Concordo que seja um pouco afunilada para um rebanho, mas se pudessem seguir em fila única, haveria bastante espaço. Como poderíamos ajudar vocês a se sentirem mais à vontade com isso?"

"Talvez se você fosse em primeiro lugar para provar que é seguro e ficasse afastado de nós enquanto fizéssemos a mesma coisa, acho que estaria tudo bem", respondeu a ovelha.

"Certo", disse Pastore, "vamos só repassar isso uma vez mais, para que fique tudo bem claro na minha mente. Você gostou da idéia do pasto melhor no campo ao lado, ficou contente por termos achado um modo de atravessar para lá e, se conservarmos uma distância segura, vocês seguiriam em uma fila única? É isso?"

"É", disse a ovelha.

"Bom, então sugiro que comecemos mandando o Sortudo passar. Vá em frente, Sortudo, passe e espere do outro lado."

Derek fez o que lhe foi dito e passou pela brecha da cerca. Sentou-se e ficou esperando; não demorou muito e todas as ovelhas, formando uma longa fila, passaram.

A cada obstáculo, o mesmo processo era repetido, até chegarem ao cercado. O problema é que a porteira estava fechada.

"E agora?", pensou Derek, enquanto Pastore ganhava velocidade na reta final. A visão do choque entre porteiras e ovelhas encheu a mente de Derek. Iria reinar o caos. Mas, calmamente e bem a tempo, o pastor caminhou à frente e manteve a porteira aberta. Ele fez isso de tal forma que as ovelhas se afunilaram para entrar no cercado. Andaram um pouco em círculos, balindo e esbarrando umas nas outras, mas não em pânico, e Derek ouvia surpreso seus comentários.

"Bééé, nunca experimentei um capim tão bom."

"Deixe-me comer um pouco dele, bééé."

"Bééé, aqui parece bem seguro."

Notas...

22.

Mesmo depois do seu cliente concordar em fazer negócio com você, é preciso elogiá-lo e congratular-se com ele. Isso faz com que ele se sinta bem e queira repetir a experiência, muitas e muitas vezes.

Pastore andava por ali, falando com as ovelhas.

"Você pegou um bom tufo aqui, provavelmente o melhor deste campo" e "Estou feliz porque estão contentes — podemos fazer alguma coisa mais por vocês?"[22]

Quando caminhavam de volta para o pátio, Derek estava cheio de perguntas.

"O pastor não estava em nenhum lugar à vista e então, no último minuto, ele estava lá", disse Derek.

"Essa é a característica do bom chefe — ele não se mete, mas sempre está presente para abrir portões quando isso é necessário", disse Pastore.

"E aquelas ovelhas, elas parecem realmente felizes por estar no cercado", Derek continuou.

"É claro. Eu faço meu trabalho com segurança sabendo que estamos levando as ovelhas para um lugar em que elas vão ficar contentes."

"Por isso, então, é que é importante fazer todo o possível para que as ovelhas fiquem felizes?" Derek sentiu que estava finalmente compreendendo o espírito do trabalho.

Pastore estava pensativo: "Mais ou menos isso, mas lembre-se de que este é o meu trabalho, a minha profissão — eu sou um condutor de ovelhas profissional. Tenho orgulho do meu sucesso; gosto da minha posição destacada como um reflexo das minhas habilidades e do meu valor. É claro, eu faço tudo o que posso para tornar feliz a vida das ovelhas. Quero que elas aproveitem o seu lugar de destino e, provavelmente o mais importante, elas precisam sentir que receberam um excelente tratamento enquanto eram pastoreadas. Gosto de pensar nisso como uma jornada, mas — e é um grande mas — elas vão ser pastoreadas porque este é o meu serviço."

"Minha cabeça não consegue acompanhar essa coisa firme, mas bonita", disse Derek, já ficando confuso novamente. Antes que Pastore pudesse responder-lhe, eles viraram uma curva na trilha e viram que o pastor tinha parado para conversar com um velho fazendeiro de bochechas cor-de-rosa que estava apoiado numa porteira, passando o tempo e aproveitando o sol. Ao lado dele estava uma grande porca, ostentando aquele sorriso idiota que os porcos têm quando estão contentes. A porca ficava fuçando e enfiando o focinho no enorme bolso da velha e felpuda jaqueta de *tweed* do fazendeiro.

"O que é que você está fazendo, mocinha?", perguntou o fazendeiro, coçando a cabeça da porca. "Você acha que eu tenho uma maçã aqui?"

A porca alegremente empurrou a cabeça contra a mão do fazendeiro, como se quisesse dizer que era exatamente isso que ela estava pensando.

Dessa vez, o fazendeiro beliscou a orelha da porca enquanto vasculhava os bolsos.

"Não consigo enganar você", disse ele, apresentando uma maçã bem vermelha, que deu, como era esperado, para a porca, que guinchou e grunhiu deliciada, enquanto fazia um servicinho rápido mas bagunçado com a suculenta fruta. Ainda com a mão esfregando a orelha da porca, o fazendeiro voltou-se para o pastor.

"Esta é a Rosie", disse ele, apontando para a porca. "Ela é uma beleza, não é, menina?"

A porca respondeu com um grunhido, enquanto se deliciava com os últimos bocados da maçã.

"Sim, ela é muito boa", ele continuou. "A semana que vem ela vai embora para se tornar um saboroso *bacon*, não é, menina?"

"*Bacon*?", Derek sussurrou para Pastore. "*Bacon* — quer dizer que ele vai matá-la?"

"Acho que sim, a menos que você conheça um método melhor para se fazer *bacon*", suspirou Pastore. "É a velha e dura vida."

"Não acredito que você consiga tolerar isso. Como alguém pode ser tão simpático num momento e no minuto seguinte falar sobre *bacon*?"

"Acho que isso explica a minha posição", disse Pastore. "É claro que você precisa ser simpático quando pode, mas este sujeito é um fazendeiro que cria porcos. Ganha a vida e alimenta sua família porque cria porcos para ganhar dinheiro. Ele não tem porcos de estimação."

"Certo", disse Derek. "Mas por que ser tão bom com a porca para depois matá-la?"

"Você esteve na Fazenda do Vale do Frio, não é?", perguntou Pastore.

"Sim, mas nem me fale daquele lugar", respondeu Derek, estremecendo.

"Eles mantinham porcos, não é verdade?", continuou Pastore. "Quais eram as condições deles lá?"

"Horríveis", lembrou Derek. "Eles eram socados juntos em barracões escuros, amontoados tão juntos que, se um ficasse doente ou morresse, não tinha espaço suficiente para cair. Você sabia que eles ficavam tão assustados e frustrados que até mordiam o rabo uns dos outros?"

"E então, depois disso, viravam *bacon*?", perguntou Pastore, ironicamente.

"Humm, sim."

"Então, vivem uma vida miserável e depois viram *bacon*? Você acha que assim é melhor?"

"Acho que não", concedeu Derek.

"Escute, a questão é que não deve haver conflito entre um bom tratamento e ganhar a vida. De um lado, mau tratamento não dá bom retorno, mas comportar-se bem e viver dentro das normas de cuidado e consideração não deve nos fazer esquecer os nossos próprios objetivos."[23]

Enquanto caminhavam, Derek pôde perceber o ponto de vista de Pastore, mas resolveu que, se algum dia voltasse à sua forma humana, nunca mais comeria *bacon*. Quando voltaram ao pátio, Pastore virou-se para Derek e disse: "Eu descansaria bastante esta noite, Sortudo, porque amanhã você vai conduzir um rebanho do começo ao fim, sozinho. Acho que você já está pronto".

Derek debateu-se e virou durante toda a noite, preocupado, com medo de decepcionar Pastore ou de fazer um papel ridículo.

Notas...
23.

Tratar bem as pessoas que nos fazem ganhar dinheiro não deve ser causa de conflito. Da mesma forma que ganhar dinheiro de pessoas a quem tratamos bem.

 IGUAL A UM CÃO PASTOR | 111

Quando amanheceu, ele se sentia como se tivesse levado uma surra, mas estava disposto a fazer o melhor possível. Depois de um café da manhã robusto e uma conversa animada com Pastore, Derek estava pronto e eles saíram para os campos. O pastor deu umas palmadinhas na cabeça de Derek.

"Agora, Sortudo, vejo que você está pronto para seguir sozinho. Boa sorte, garoto, pode ir."

Eles estavam no alto da colina e Derek podia ver as ovelhas. Ele estava ansioso para começar. Ele já ia se lançar adiante, mas Pastore o deteve com a pata.

"Calma lá, não tão rápido! O que vem em primeiro lugar?"

"O um."

"Não, não estou falando de ordem numérica, mas de posição. Onde estão as ovelhas?"

"Aah", disse Derek aliviado, "elas estão ali — dá para vê-las", e ele se preparou para sair aos pulos novamente.

"Não, agüente aí. Sei que você consegue vê-las daqui, mas qual é a posição exata delas em relação ao trabalho como um todo? A que distância elas estão do cercado? Como é que elas se sentem diante da possibilidade de serem pastoreadas e quantos obstáculos existem lá?"

Derek concentrou-se novamente; ele conseguia ver o pequeno grupo de ovelhas; à distância podia ver o cercado e, no espaço entre os dois, ele viu a cerca viva, algumas árvores, uma porteira e um riacho. Imediatamente entrou em pânico.

"Ah, não, que trabalho enorme, tantos obstáculos, tantas ovelhas, um cercado tão pequeno — não dá para me dar uma tarefa mais fácil?", implorou.

"A típica postura humana", suspirou Pastore, mas com a sombra de um sorriso compreensivo: "É claro que para chegar ao sucesso precisamos ter uma visão clara de toda a tarefa, mas, assim que começamos, nós, cachorros, esquecemos os obstáculos vencidos e os que estão ainda pela frente e lidamos apenas com aqueles que estamos enfrentando no momento. Lembre-se da sebe cheia de

Notas...

24.

Se você toca um pequeno negócio, os obstáculos entre você e aqueles valiosos clientes são desanimadores. Mas enxergá-los já é meia batalha ganha; vencê-los um de cada vez é a outra metade. E a resposta é não, você não pode ter alvos mais fáceis!

espinhos e do gato peidorreiro — as coisas são resolvidas com cem por cento de concentração e não com a mente distraída pelas preocupações. Como você comeria um elefante?"

"Um o quê?"

"Um elefante. Vou lhe dizer. Você comeria por partes, uma de cada vez. Agora vá, e lembre-se: uma parte de cada vez."[24]

Derek partiu, nervoso mas determinado. Ele se acercou das ovelhas exatamente como tinha sido ensinado e elas começaram a movimentar-se. Tudo ainda era um pouco precário, mas elas estavam se movimentando, e bem. Ele ficou com o coração na boca quando chegaram ao riacho, que era o primeiro obstáculo, mas as ovelhas, embora preocupadas com a água, pareciam muito felizes de estar trabalhando com Derek, e atravessaram o riacho juntas. Era um trabalho árduo, mas estava correndo bem. Um pouco bem demais, na verdade, tanto que Derek suspeitou que havia uma pata do Pastore nisso, provavelmente ele tinha selecionado o seu grupo de ovelhas e dado uma palavrinha com elas durante a negociação. Naquele momento talvez ele tivesse ficado confiante demais, ou sua mente estivesse divagando; mas, inadvertidamente, Derek acelerou o passo a ponto de as ovelhas chegarem ao limite, prestes a fugir do seu controle. Ele percebeu o erro muito tarde quando viu as ovelhas correndo à frente, fora do seu raio de influência e, para seu horror, viu mais adiante uma porteira aberta.

"O campo de beterraba!"

Sentiu o coração afundar: "Quando aquelas ovelhas entrarem naquela plantação, boas ovelhas ou não, estaremos todos perdidos".

As ovelhas estavam bem à frente de Derek, enquanto ele se preparava para aceitar o seu destino; mas, quando se aproximaram da porteira, um caozarrão ameaçador bloqueou o caminho delas. Era Durão — o miserável, velho, nem um pouco amigo, Durão — que estava ali para salvar o dia. As ovelhas diminuíram o passo e voltaram. O velho cão deu uma piscada na direção de Derek e latiu para ele: "Você está fazendo um bom trabalho, Sortudo, agüente firme, rapaz!"

Notas...

25.

Podemos chamá-lo de fechamento de venda. Seja o que for, a grande tragédia é fazer todo o trabalho de arrebanhar e superar obstáculos, para perder tudo com a vitória à vista — por não realizar aquela última ação crucial.

Um elogio! Derek sentiu como se tivesse ganhado um milhão de dólares, e logo estava vencendo os outros obstáculos, um depois do outro. Agora precisava enfrentar o maior de todos: o cercado estava próximo e as ovelhas podiam sentir a excitação e a ansiedade de Derek. Elas estavam ficando agitadas e cansadas.

"Talvez já seja o suficiente para uma sessão", pensou Derek e começou a se retirar, e então parou.

"O trabalho não está feito até que esteja concluído", advertiu-o Pastore. "Não desperdice todo o seu esforço agora. Acabe o serviço e coloque-as dentro do cercado."

Um último esforço, o pastor abriu a porteira. As ovelhas estavam preocupadas e começando a se dispersar, mas o pastor esticou tão longe quanto pôde o seu cajado para manter o máximo de abertura da porteira e Derek, de certa forma descontrolado, conseguiu enfiá-las no cercado. A porteira bateu, fechando-se, e os outros cães soltaram vivas. Derek se sentiu fantástico.[25]

"O sucesso, afinal", pensou ele, mas estava um tanto surpreso por não haver o menor indício de que o feitiço da bruxa estivesse se desfazendo. Talvez ele se desfizesse vagarosamente. Quando estavam andando de volta, Derek mencionou Durão.

"Quem me salvou lá foi o Durão", disse Derek. "Pensei que ele me odiasse."[26]

"Duas coisas aconteceram lá", replicou Pastore. Primeiro, Durão é um jogador de equipe, ele quer que o grupo seja bem-sucedido, e ele vê o seu orgulho e posição atados a todos nós. Lealdade, capacidade e esforço são coisas que ele traz para o trabalho. Quando não está trabalhando, ele até pode ser diferente. Vocês humanos não conseguem separar a personalidade dos problemas que enfrentam, por isso carregam todo tipo de bagagem mental para o trabalho, o que justamente provoca o fracasso das garantias. Sente-se no alto da colina, tenha uma visão clara da tarefa e realize o trabalho. Durão viu o trabalho que precisava ser feito, e o fez. A personalidade não tem nada a ver com isso."

"E em segundo lugar?", perguntou Derek.

Notas...
26.

Não há necessidade de serem grandes amigos para trabalharem juntos formando uma grande equipe. Faça a distinção entre a pessoa e os problemas.

"Em segundo? Ah, sim. Segundo, o seu comportamento está conquistando o respeito de todos nós e, fique você sabendo, acho que Durão está começando a gostar de você."

Nos dias que se seguiram, o feitiço da bruxa não deu mostras de estar desaparecendo; mas, de algum modo, Derek não se preocupou muito com isso. Ele se atirou ao trabalho. Algumas vezes cometia grandes erros, mas, embora não tivesse chegado ainda à perfeição, sentia que estava fazendo progressos. Então, certo dia, acordou e percebeu que todo o pátio da fazenda estava em ebulição. Mesmo a habitual serenidade de Pastore estava abalada.

"O que está acontecendo?", perguntou Derek.

"É a grande competição", respondeu um dos cães. "As provas do grande prêmio para cães de pastoreio vão ser disputadas daqui a uma semana. Os cães que vencerem serão reconhecidos como os melhores do mundo."

"Eu gostaria de ver isso", exclamou Derek.

"Gostaria de ver? Você vai participar, Sortudo."

Derek girou o corpo e olhou para Pastore, que continuou: "É um esforço de equipe. Todos nós teremos o que fazer, e isso inclui você. Não se preocupe, nós somos bons. Na verdade, é uma disputa de apenas dois competidores: nós e a Fazenda do Vale do Frio. E tenho certeza de que você gostaria de ter uma oportunidade para mostrar a eles o que sabe".

Derek não estava muito certo disso. O Vale do Frio era um lugar horrível, mas não havia a menor dúvida quanto ao frio profissionalismo e a busca cruel pelo sucesso daqueles cães. Apesar disso, Derek juntou-se ao resto do pessoal, praticando para o grande dia, muito contente por saber que seus companheiros eram brilhantes e que ele teria de desempenhar apenas um pequeno papel.

Chegou o grande dia, e os cães foram embarcados no caminhão e desembarcados no vasto espaço reservado para a competição. Derek viu o terrível proprietário da Fazenda Vale do Frio discutindo com o seu pastor. Ele estava apontando para Derek e Fido, obviamente alegando ser o proprietário daqueles que agora eram claramente cães muito bem preparados. O pastor não se impressionou com isso e lhe disse que ambos eram animais desgarrados que haviam fugido quando atiraram contra eles. O homem percebeu que não teria muita chance de insistir com o caso, mas estava claro que toda a disputa seria dominada por uma dose considerável de sentimentos doentios.

No picadeiro de espera, Pastore, Derek e Fido ficaram juntos, mas, a poucos metros dali, estavam Grud, Brutus e Trambic. Brutus mostrou os dentes para Derek e rosnou: "Eu deveria ter estraçalhado sua garganta quando tive oportunidade". Ele deu um passo adiante. Pastore, como quem não quer nada, colocou-se entre Brutus e Derek.

"Sinto muito, Brutus, não entendi bem o que você quis dizer. Há alguma coisa que eu possa fazer por você?"

Os olhos dos dois cães se encontraram e, depois de algum tempo, foi Brutus quem se afastou.

"Picadinho, já pode se considerar assim, um picadinho", ele falou para Derek por cima do ombro.

A disputa acabou. Os cães da Fazenda Vale do Frio eram frios, agressivos e eficientes, mas a agressividade deles não os deixava fazer amizades entre as ovelhas. O time de Derek era cheio de entusiasmo e trabalhava bem com elas, mas de vez em quando se percebia sua inexperiência. Finalmente, foi anunciado o resultado. Houve um empate sem precedentes — haveria uma rodada a mais para desempatar. De dentro de um chapéu seriam retirados aleatoriamente os nomes de dois cães, que receberiam um rebanho de ovelhas cada e um carneiro — também escolhidos aleatoriamente.

Houve uma espera angustiante, e então o alto-falante deu sinal de vida.

"O cão que representará a Fazenda Vale do Frio será...", ouviu-se o barulho do papel sendo aberto, "Brutus!"

Se os cães conseguissem socar o ar com as patas, a matilha do Vale do Frio teria feito isso.

"E representando a Fazenda Vale do Sol...", mais ruído de papel enquanto a tensão se tornava intolerável, "Sortudo!"

O coração de Derek afundou.

"Sinto muito, Pastore", ele sussurrou, "não foi minha culpa."

"Escute aqui, não podemos negar que o acaso agiu contra você, mas você faz parte da nossa equipe e sabemos que irá fazer o melhor que puder. Não podemos exigir mais do que isso, perdendo ou ganhando, isso não vai mudar o que sentimos. Pelo menos Brutus vai fazer a prova antes, assim você pode observá-lo e tentar descobrir qual é o melhor modo. Você se chama Sortudo, não se esqueça."

Apesar das palavras encorajadoras de Pastore, Derek sentia-se muito mal. Tudo o que podia fazer era lembrar-se do que havia aprendido e tentar manter-se no controle.

Sua divagação foi interrompida quando o fazendeiro da Vale do Frio chamou seu cachorro com um assobio agudo. Derek olhava para as ovelhas e tentava posicioná-las em relação ao resto do percurso. Brutus claramente não estava precisando desse tipo de reflexão e disparou como um raio. Logo as ovelhas estavam se movendo, e o desempenho de Brutus só poderia ser descrito como frio, confiante, rápido e eficiente. Ele até teve tempo de lançar uma fungadela de desprezo na direção de Derek, acompanhada do movimento da boca formando a palavra "picadinho".

Derek sentiu-se terrivelmente intimidado, mas tentou observar o percurso todo. Tanto quanto obstáculos, havia postes de placar numerados, que o rebanho tinha de contornar.

"Se eu seguir a numeração, pelo menos vou saber onde estou e como estou me saindo", pensou Derek.

Brutus livrava-se de cada obstáculo e rodeava cada placar impecavelmente, e era impossível ver onde ele poderia ter perdido pelo menos um ponto. Logo estava na reta de chegada e, quando chegaram perto, o fazendeiro abriu a porteira. Entretanto, ele fez isso um pouco rápido demais e a ovelha da frente desviou-se ligeiramente. Pelo excesso de confiança de Brutus — provavelmente arrogância —, ele deixara que a ovelha atingisse uma velocidade muito próxima do limite de controle. Um cão menos eficiente pos-

Notas...

27.

Todos gostam quando alguém lhes pede ajuda. Se você for jovem e inexperiente, nunca finja que não é. O veterano durão, velho e inflexível vai ficar do seu lado muito mais freqüentemente do que imagina, se você respeitar a capacidade dele para ajudar e aconselhar. Não tenha medo de pedir.

sivelmente não conseguiria ter segurado as ovelhas naquela velocidade, mas, quando aquela ovelha se movimentou, ele manteve todo o rebanho sob sua influência. Mas uma ovelha grande escapou e Brutus, percebendo o seu erro, atacou como uma cobra para retomar o controle, o que ele poderia ter feito se o seu fazendeiro não tivesse entrado em pânico. Ele achou que Brutus tinha estragado tudo e, num acesso de raiva, levantou o cajado como se fosse bater no cão.

"Grrrrr, cão idiota!"

Brutus instintivamente recuou e, ao fazê-lo, deixou a ovelha escapar. Entretanto, a perda de controle foi rápida e logo a ovelha foi contida e arrebanhada de modo ordeiro para dentro do cercado. Apenas um erro, mas no todo um desempenho brilhante.

"Número de pontos de Brutus: noventa e cinco!"

Apenas cinco pontos perdidos: um desempenho impressionante. Derek sentia-se ansioso além da conta quando, como num sonho, ouviu o assobio do seu pastor. Pastore estava ao seu lado: "Vá em frente, Sortudo, e boa sorte!"

Derek marchou para a frente enquanto o seu grupo de ovelhas era levado para dentro do picadeiro. Quando ele já pensava que nada pior poderia acontecer, ele viu com horror que o animal que estava na liderança do rebanho era nada mais nada menos do que o terrível Reg, o carneiro.

"Vá em frente", o pastor o incentivou, e Derek partiu, sentindo tudo, menos alegria.

"Ora", ele pensou, "imagino que não vou piorar nada se tentar me lembrar do que aprendi. Primeiro, uma visão geral clara; onde as ovelhas estão agora; qual a distância a percorrer; quantos são os obstáculos; será que estou vendo bem e percebendo onde está o cercado?" Ele avançou para enfrentar Reg. "Se eu conseguir sair com vida já será um bom resultado", pensou Derek sombriamente.[27]

Quando ele se acercou das ovelhas, o grande carneiro, cheio de cicatrizes de tantas lutas, abaixou a cabeça, pronto para atacar. Os cães do Vale do Frio davam toscas risadinhas de alegria diante da

Notas...
28.

Procure placares e marcadores em sua viagem; eles vão mostrar-lhe se você está pastoreando na direção certa.

Regra: saiba sempre onde está, o quanto já fez e o quanto precisa fazer.

visão, não só da vitória que estava ao seu alcance, mas também do massacre de um inimigo. O normalmente calmo Pastore rosnou para eles, e os cães se calaram — mas nada disfarçava a alegria deles.

Derek gostaria de sair correndo, mas, em vez disso, falou para Reg.

"Oi."

"Oi para você também", respondeu bruscamente Reg. "Eu me lembro de você. Da última vez que nos encontramos eu quase o matei. Você quer que eu termine o trabalho ou já aprendeu a lição?"

"Certamente já aprendi minha lição, mas estou numa situação difícil. Será que você poderia me ajudar?" Derek ficou parado, esperando pelo impacto, mas, em vez disso...

"Ajudá-lo! Por que diabos eu iria ajudá-lo?"

"Por nenhuma razão em particular, mas posso lhe fazer uma pergunta?"

"Vá em frente, mas não me faça desperdiçar o meu tempo."

"Eu sou um cão de pastoreio muito inexperiente, cometo milhares de erros, mas na verdade nós temos um cercado cheio de grama suculenta para as ovelhas. Você é o representante das ovelhas mais experiente que eu conheço. Se estivesse na minha posição, como conduziria o pastoreio?"

Reg lançou-lhe um longo e perscrutador olhar para ver se conseguia detectar o mínimo indício de insinceridade.

"Estou nesse jogo há muito tempo", declarou Reg.

"Eu sei", disse Derek. "É por isso que o seu conselho seria tão útil."

"Eu devoro cachorros como você no café da manhã."

"Eu sei, é por isso que gostaria que me dissesse como eu devo tratá-lo. Ficaria tão animado se pudesse trabalhar com você. Então, por onde eu começo?"

"Em primeiro lugar, rapaz, não chegue investindo contra mim esperando me intimidar. Garotos maiores do que você tentaram isso e fracassaram."

Derek lembrou-se dos pastores alemães e estremeceu.

Notas...
29.

Uma dica predileta: mesmo quando tudo parece perdido e você está sendo carregado para o estacionamento pelos seguranças, olhe por cima do ombro e grite: "Eu adoraria fazer negócios com você, por favor me diga o que eu devo fazer". Muitas vezes vão lhe dizer, e então o que vai acontecer em seguida depende de você.

"Não, me dê algum espaço e eu me mexerei no meu próprio ritmo, e quando eu me mexer o resto do rebanho me segue, assim."

Dizendo isso, Reg começou a caminhar e as outras ovelhas foram com ele, como ele havia dito.

Os cães que estavam olhando ficaram atônitos.

"Ele conseguiu que o rebanho se mexesse!", Trambic falou para Grud, e levou uma bela dentada pelo comentário.

Derek marchou ao lado de Reg. "Será que esse é algum tipo de enganação?", ficou imaginando. "Não!" Ele percebeu que começava a gostar do velho carneiro e a respeitá-lo, agora que o conhecia melhor. Chegou até a puxar conversa enquanto seguiam o caminho.

"Meu Deus, você me aterrorizou na primeira vez em que nos encontramos", observou Derek.

"Não gosto de ser pressionado", replicou Reg.

Derek olhou para cima para ver o marcador que se aproximava — *dois*! Um grande número 2! Eles não tinham passado pelo número 1; as ovelhas estavam indo na direção errada.

Derek começou a entrar em pânico, talvez ele devesse latir avisando ou então correr diante das ovelhas a fim de pará-las, mas, antes que fizesse qualquer coisa, Reg notou a angústia de Derek e percebeu a situação.[28]

"Não, rapaz, não aja precipitadamente. O rebanho está apenas seguindo as ondulações do terreno. Você conseguiu uma marcha boa e constante, agora basta mover-se com delicadeza, paralelamente, do lado oposto do lugar para onde você quer que elas se dirijam. Assim, elas vão pensar que ainda estão escolhendo a direção que querem seguir."

"Obrigado, Reg", Derek resfolegou e seguiu as instruções de Reg ao pé da letra. E, efetivamente, o rebanho começou mansamente a mudar de rumo, tomando a direção do placar número 1, mas Derek tinha agido um pouco tarde e todas elas estavam se encaminhando diretamente para o poste, em vez de contorná-lo. O perigo era que isso poderia separá-las e então tudo estaria perdido. Derek estava com medo de perturbar as ovelhas, mas decidiu che-

Notas...
30.

Uma outra dica clássica para lidar com preocupações, em vez de responder a negação "Não, isso é muito caro" com "Não, não é", tente isso:

"Não, isso é muito caro."
"Eu entendo a sua preocupação, mas, para esclarecer algumas coisas, o que exatamente significa para você 'muito caro'?"

Quando a pessoa lhe explicar, você terá a solução.

gar mais perto delas e, quando fez isso, elas ampliaram a volta e, com um suspiro da multidão, passaram pelo número 1 a uma distância de menos de três centímetros.

"Isso me fez perder alguns pontos", pensou Derek melancolicamente.

O próximo poste foi melhor porque Derek tinha planejado a passagem por ele com antecedência. O progresso constante foi interrompido pela chegada ao riacho, onde as ovelhas simplesmente pararam.

"Como é que Brutus fez isso?", Derek ficou imaginando. Ele percebeu que Brutus apenas assumira o seu porte mais empertigado e as ovelhas ficaram com mais medo de Brutus do que da água. O problema era que ninguém tinha medo de Derek.

"E agora?"

"Trabalhe conosco, rapaz", Reg interrompeu os pensamentos de Derek, "o rebanho gosta de você e está começando a confiar em você."

"Então por que estão se recusando a cruzar o riacho?", perguntou Derek.

"Elas não estão se recusando — elas estão preocupadas com o riacho. Seja amigo delas; ajude-as a resolver suas preocupações."

"Não sei quais seriam essas preocupações", disse Derek.

"Então pergunte a elas", sugeriu Reg.

Derek virou-se para uma ovelha grande: "Estávamos indo tão bem, o que eu preciso fazer para ajudá-las a cruzar este riacho?"[29]

"Bééé, nós estamos com medo que seja muito fundo aqui. Sabe como é, ovelhas não nadam muito bem."

"Eu compreendo muito bem o que você está dizendo, só que *fundo*, o quanto é fundo para você?"[30]

"Bem, quando a água chega acima do joelho já é um problema para nós."

Os outros cães e a multidão ficaram imaginando o que estava acontecendo quando o rebanho e Derek ficaram parados enquanto o relógio continuava a marcar o tempo passando, mas Derek prosseguiu a conversa, era a sua única chance.

Notas...

31.

Durante a jornada, vá anotando todas as coisas de que a outra parte gostou. Quando o fim estiver à vista, enumere-as para ele e consiga que ele concorde que gostou daquelas coisas e proponha a ação final.

"É isso que as preocupa?"

"Bééé, é sim."

"Então, tudo bem, se eu conseguir demonstrar para vocês que esta água é suficientemente rasa, vocês cruzarão o riacho?"

"Sim, nós faremos isso", baliram todas as ovelhas juntas.

A multidão estava espantada, vendo Derek dar as costas ao rebanho e cruzar sozinho o riacho.

"Será que ele está desistindo?", Fido ficou se perguntando.

"Bom, não se pode pastorear lá da frente", sorriu zombeteiramente Grud.

"Fiquem olhando", disse Pastore calmamente.

Houve um grito de admiração quando, poucos instantes depois, o rebanho inteiro cruzou o riacho e logo estava marchando num bom passo novamente.

Obstáculo após obstáculo era vencido, não era o desempenho mais ordenado nem o mais rápido, mas um progresso constante e mensurável estava sendo feito. Derek permanecia calmo e se lembrava de pensar como um cachorro. Não se demorava em erros passados e, embora tivesse a planta completa de todo o trajeto em sua mente, ele lidava com cada obstáculo à medida que se deparava com ele, concentrando em cada um cem por cento de sua atenção em vez de ficar preocupado com problemas futuros.

Logo, era a vez de eles entrarem na reta final. Derek começou a se preocupar. Ele e as ovelhas tinham trabalhado bem juntos; tinham vencido obstáculos juntos e trabalhado com as preocupações uns dos outros. Ele não estaria arriscando o grande relacionamento que tinham criado se as pressionasse para dar um passo adiante, ao conduzi-las para dentro do cercado? Então ele se lembrou da porca e de outras lições que havia aprendido. Aquele era o seu trabalho, a culminação de todos os seus esforços. O cercado era a meta — sem a finalização nada fazia sentido.[31]

"Tudo bem, ovelhas", ele se dirigiu a elas, "agora posso pedir uma coisa para vocês?"

As ovelhas pararam para ouvir.

"Certo, vocês concordaram que o pasto atual estava ficando um pouco ralo?"

"Bééé, sim."

"Sentiram que passar para um capim fresco seria muito bom?"

"Bééé, sim."

"Concordaram que um capim suculento deixaria a lã de vocês mais, humm, lanuda?"

"Bééé, sim."

"Ótimo, então posso sugerir uma coisa? Quando o pastor abrir a porteira do cercado, vocês entrarão e começarão a aproveitar o supercapim?"

"Bééé, sim."

O pastor abriu a porteira e o queixo de todos caiu quando Derek sentou-se sem mover um músculo e as ovelhas marcharam confiantes para dentro do cercado, onde começaram a pastar alegremente.

"Reg", chamou Derek.

O carneiro se voltou para ele.

"Muito obrigado — eu não teria conseguido sem você."

O carneiro replicou: "Eu nunca pensei que chegaria a gostar de um cão, mas para você vou fazer uma exceção".

Derek foi para junto dos outros cães e eles esperaram o resultado. Os alto-falantes começaram a dar sinal de vida.

"Agora temos o resultado final. A Fazenda Vale do Frio com Brutus alcançou noventa e cinco pontos. A Fazenda Vale do Sol com Sortudo marcou noventa e cinco..."

"Empate, de novo!", pensou Derek, mas o alto-falante estalou novamente.

"... ponto cinco."

"Noventa e cinco ponto cinco!", o coração de Derek deu um pulo. "Vencemos, nós os derrotamos por meio ponto."

Pastore e os outros latiam selvagemente de alegria.

"Sortudo fez isso por nós! Sortudo é o nosso herói!"

Derek nunca tinha se sentido tão feliz, mas, por outro lado, tão estranho.

"Não me sinto bem", ele sussurrou, e correu para trás de alguns carroções. Houve um clarão repentino e o cheiro de pólvora queimada. Ele estava de quatro, mas sua pelagem tinha sumido, as patas eram agora mãos e pés. Quando ficou em pé percebeu que voltara a ser homem.

"E agora, está contente?", soou uma voz atrás dele. Era Pastore.

"Continuo conseguindo entender o que você diz, meu amigo", sussurrou Derek.

"Uma vez cão, sempre cão — por dentro, pelo menos. Você nunca esquecerá o modo do cão", disse Pastore. "Agora, aposto que a sua família quer vê-lo novamente. A propósito, não tenho muita certeza de que para os humanos seja aceitável apresentar-se como você está."

Derek percebeu que estava completamente nu e viu umas folhas do caderno de finanças do jornal que o vento trouxera e que ele rapidamente transformou em uma proteção para suas partes pudendas.

"Bom, eu não posso ficar sentado aqui o dia inteiro", disse Pastore. "Há uma vitória para ser comemorada. Vá para casa, Sortudo, mas não se esqueça de nós."

"De jeito nenhum", disse Derek, sentindo-se emocionado, mas feliz por poder ir para casa.

Enquanto ia andando de volta, precisou ajustar o jornal numa posição mais decorosa e, ao fazer isso, um anúncio chamou-lhe a atenção. "Grande multinacional procura diretor de vendas."

Ao caminhar ao longo da rua, aparecendo diante de todos como uma espécie de Tarzan da cidade, um rei da selva urbana, Derek sentia muita energia. Ele achava que poderia fazer qualquer coisa, enquanto as pessoas se viravam para olhar melhor aquele homem que parecia feito de bronze. Um grande arranha-céu chamou-lhe a atenção, e o nome brilhando no topo despertou-lhe uma lembrança: era a empresa do anúncio. Talvez fosse o caso de preencher um formulário. Talvez devesse pensar a respeito. Talvez não tivesse experiência suficiente. Talvez essa não fosse a melhor ho-

Notas...

32. Pensamentos de cão

Quando a história começou, o nosso herói era um péssimo empregado. A orientação cuidadosa do pastor e o uso dos melhores membros da sua equipe geraram o sucesso a partir de um fracasso. Você conseguiria fazer isso por alguém que trabalhasse para você?

ra. Talvez a recepcionista não o deixasse falar com a pessoa certa. Talvez não estivesse vestido apropriadamente. Esses pensamentos foram o último e tênue vestígio do velho Derek falando. Talvez ele devesse ir atrás do emprego naquele exato momento!

O Conselho ficou atônito diante da entrada de um homem em ótima condição física, queimado de sol, com uma orelha furada, vestido com nada além das páginas do caderno financeiro e interrompendo a reunião deles.

"Vi o anúncio de vocês", disse a aparição, apontando para um quadrado impresso em seu estranho traje, "e eu sou aquele que vocês estão procurando."

Ninguém duvidou disso. Todos na sala sabiam que ele estava certo. Tudo o que conseguiram dizer foi: "Quando você pode começar?"

"Na verdade, não vejo a minha família há algum tempo, e é melhor que eu esteja vestido mais adequadamente. Que tal na próxima semana, ou na semana seguinte seria melhor para vocês?"

Os membros do Conselho moviam a boca como se fossem peixinhos dourados. Tudo o que conseguiam dizer era: "Quando você quiser".

"Na próxima semana, então", Derek sorriu e começou a sair.

O diretor executivo finalmente recuperou o poder da palavra: "Desculpe-me, não sabemos o seu nome".

"Meu nome? O meu nome é Derek Stubbins, mas meus amigos me chamam de Sortudo!"[32]

Igual a um Cão pastor

Em resumo

Começo

Posição

Fazer perguntas é o melhor modo de descobrir tanto a posição deles quanto a sua. Nem pense em começar a jornada antes de saber em que posição estão.
- *Dica* — fale sobre o passado
- *Tente* — quem fez isso para vocês, quando vocês decidiram, como isso é feito, e quanto vocês estavam gastando?

O estímulo

O único momento em que a pressão pode ser aumentada é quando começamos a mexer com eles. Normalmente a resistência surge quando há mudança. Assuma e mantenha o controle. Proponha ação, não dê opção.
OPÇÕES: "amanhã, ou no dia seguinte?"

Os obstáculos

Descubra todos os obstáculos e remova-os. A única coisa que está entre você e o sucesso são os obstáculos. Entretanto, quando os obstáculos são removidos, o sucesso é inevitável. Torne-se um parceiro deles, veja os obstáculos como preocupações que eles têm, trabalhe junto para tranqüilizá-los e afastar essas preocupações.

O cercado

Tenha alguma pessoa em posição de mando que o ajude abrindo portões para você. Perceba que realizou todo esse trabalho e não o desperdice desistindo na porteira do cercado. A outra parte pode estar muito interessada, mas você precisará guiá-la até lá dentro.

Cuide do seu rebanho

A jornada pode ser uma interação ou um relacionamento para toda a vida. Mantenha o rebanho feliz dando-lhe os parabéns pelas suas escolhas. Não deixe que outros estraguem aquilo pelo qual você trabalhou.